歴史の真実と向き合おう

歴史修正主義への反論

井口和起／近藤 學
成瀬龍夫／山田 稔 著

文理閣

目次

まえがき ―本書の構成と概要―

（一）

本書は、日本の近現代史の流れを特定の史観で解釈し、国民の理解を歴史の真実から遠ざけようとする歴史修正主義への反論を試みたものである。

ヨーロッパでナチスのホロコーストを否定する現象を指して「歴史修正主義」historical revisionism あるいは「歴史否認主義」historical negationism, historical denialism という言葉が登場したのは一九九〇年代であった。一方、日本で歴史修正主義の動きとしてとらえられるのは一九八〇年代で、その中心にあったのは歴史教科書の改訂、自虐史観批判の動きであった。そして、こうした歴史観を持つ一部の人々が政府・文部省に圧力をかけ、九〇年代に入って保守・改憲勢力の運動と合流し、今日に至っている。

近年になって歴史修正主義を批判する書物を目にするようになってきたが、決して十分とはいえない。

理由をあげると、第一に、私たち日本人は、歴史の客観性を重視する戦後の歴史教育を受けているので、時代錯誤の歴史修正論に出会っても簡単に騙されることはない、と思うかもしれない。しかし、果たして体系的な歴史教育を受けてきたといえるかといえば、私たちの歴史認識には、詳しく立ち入ると知っていることと知らないことの落差、偏りや空白の部分が少なくない。高等学校時代の歴史の授業を振り返っても、とくに近現代史は授業時間の関係から、断片的な知識の暗記が迫られた記憶はなかっただろうか。

第二に、近年、天皇の代替わり、改元行事などがたくさんのメディアを通じて報道され、天皇制を美化するような報道が多くなっている。そして戦前の天皇制の危険な役割が見過ごされ、歴史修正主義が発するさまざまな歴史解釈が通りやすい状況が生まれている。

第三に、近現代史に対する歴史修正主義はヨーロッパやアメリカでも見られる現象であるが、ヨーロッパに現れている歴史修正主義は、国家権力との癒着に至らず社会少数派にとどまっている。しかし、日本の修正主義は、いまや「日本会議」という改憲推進の右翼組織に連なり、その先頭には安倍晋三前首相がいるという、権力とつるんだ構造になっている。従って、日本の歴史修正主義との対峙は歴史学内部での議論を超えて、憲法の平和条項や立憲主義を守る国民的運動と密接に関連せざるを得ない。

私たちは、歴史修正主義に対して歴史の個々の真実を争うのみでなく、日本の近現代史の全体像（史観）にもっと関心をもち、それと積極的に向きあって修正主義に負けない主権者としての歴史認識を鍛えることが重要だと考えている。

第四に、今日の歴史修正主義の主張は、日本の現代常識を超えた極端なものであり、戦後秩序や国際平和の枠組みをも否定するものとなっている。これを克服するためには、歴史学のみでなく、法学、政治学、経済学、社会学などの多くの関連学問との共同作業が必要だと考えている。

歴史修正主義の主張は例えばこうである。日本の戦争責任を裁いた極東国際軍事裁判を「戦争に勝った国」による不法な裁判だと全面否定し、日本の敗北と戦争責任を認めることは自虐史観に陥ることだといってはばからない。

天皇は、明治憲法（大日本帝国憲法）によって戦争責任を負う必要のない「無答責」であると主張する。では誰が戦争を始めた責任を負うべきかと問えば、それは、国際的陰謀とくにコミンテルンによってアジア太平洋戦争は計画されたものだという荒唐無稽な主張をしている。

戦前の日本は、天皇主権の国家であり、国民は臣民であった。しかし、敗戦と新憲法の成立によって、国民は主権者となり、天皇の制度は天皇に絶対的な権限を与えるものから国政に関与できない象徴的なものに変化した。しかし、修正主義の人たちは、敗戦による断絶を認めず、日本は「万世一系の天皇によって統治」されてきた国だから憲法も元に戻すべきだと主張する。このように、いわゆる「皇国史観」を掲げて、戦前のような天皇制ナショナリズムの復活に熱意を傾けるのが歴史修正主義である。

彼らの主張は、非学問的なものであるが、だからといって侮ることはできない。というのは、「非学問的な所説が必ずしも無力なイデオロギーであるとは限らない。むしろ、非合理な議論がかえってその非合理性のために論理でなく心情に訴え、感覚を把えて人を熱狂的に行動に駆り立てようとする」（斎藤孝「神々の復活」『歴史評論』二六三号、一九七二年六月）こともありうることがしばしば指摘されてきたからである。

（二）

本書は、三部と付録で構成されている。
第Ⅰ部　総論として二つの章で歴史認識の方法および歴史修史主義の問題点を論じている。
第Ⅱ部　本書の執筆者が近現代史に関わる論点あるいは争点を、取り上げている。
第Ⅲ部　執筆者の自由な座談会を載せている。

以下、読者の理解を助けるために、各章の内容を簡単にコメントしておく。

第一章　日本近現代史の真実を考える現代的意義

歴史の分野に足を踏み入れると、はるか昔のことを現代に生きる人間が果たして正当な事実評価や価値判断ができるのかという疑問に突き当たる。この問題について、二〇世紀における最大の歴史学者といわれるE・H・カーの著『歴史とは何か』を参考に考える。
カーは、「未来への理解が進んで初めて、過去を取り扱う歴史家は、客観性に近づくことが出来る」という。カーによれば、「歴史とは過去の諸事件と次第に現れて来る未来の諸目的との間の対話」とでも呼ぶべきであり、「過去に対する歴史家の解釈も、重要なもの、意味あるものの選択も、新しいゴールが次第に現れるに伴って進化していく」、そういうプロセスを通じて、私たちは「客観的な歴史的真理」について語ることができるのだということである。このように、歴史の評価は歴史家の史実に向かう向き合い方と大きく関係してくることになる。

ここで、歴史修正主義に目を転じれば、筆者（井口）は、日本の「戦後改革」を振り返り、それらが過去を評価するわれわれ現代人の認識の土台を築くにはきわめて限界をもつものであったことを指摘している。

例えば、天皇が「終戦」の代弁者となったことで天皇批判が出なかった／日本人の多くはアメリカに敗北したと意識し中国に敗北したという認識は定着しなかった／日本は植民地を失ったが、それを敗戦によって大日本帝国の領土が戦勝国に「割譲」させられたという認識をもっていた／占領軍の間接統治は戦中の行政組織を基礎に行われたから、民衆を戦争動員した町内会や隣組など、末端の仕組みに大きな変化が起こり難かった／など。

アメリカ現代史の油井大三郎氏は、かつて『未完の占領改革』（一九九〇年第二回毎日新聞社アジア・太平洋賞特別賞を受賞）で、戦後改革は「精神革命が未完の政治革命」だったと概括した。歴史修史主義との対決はこの「未完の精神革命」をわれわれ国民が完成させる課題なのだという意味合いがある。

第二章　歴史修正主義とは何か、何が問題か

歴史修正主義について、ヨーロッパと日本での違いに触れ、日本における歴史修正主義は他国に例をみないほど大規模なもので、その背景には戦後の民主的改革が国民的レベルで不徹底だったこと、その影響を引きずって戦後の国民の戦争認識や戦争責任意識には弱点があることを指摘している。

また、日本の歴史修正主義を定義して、「天皇制と第二次世界大戦という日本の近現代史の中心軸の認識について、皇国史観の再評価、第二次世界大戦の敗北否認の立場に立ち、天皇制ナショナリズム復活を唱導するファナティックな思想」としている。

歴史修正主義者が主張している代表的な論点として、次の諸点をあげている。①皇国史観の復活、②「教育勅語」の活用、③東京国際軍事裁判の否定と天皇の戦争責任否定、④「押し付け憲法から自主憲法制定へ」、⑤植民地支配を美化する近代化利益論

〔コラム1〕歴史修正主義のテクニック　歴史修正主義にはフェイクのテクニックがある。ここでは、陰謀史観、相殺史論、遡及主義、ツマミグイ手法などを知って免疫力を備えることをすすめている。

第三章　歴史修正主義はなぜ「万世一系の天皇」にこだわるのか

「万世一系の天皇」について、誰がこの説を言い出したのか、この説は正史の扱いになったことがあるのか、そして、なぜこの説が今日に至っても蒸し返されるのか、その理由を追及している。外向きには日本の国家的存在感をアピールし、内向きには権威的支配としての天皇制にすがろうとする論理があることを指摘している。

〔コラム2〕天皇制の代替わりと女系・女性天皇問題　「令和」への代替わりは、私たちに天皇制についてあらためて考える機会を与えた。日本国憲法と象徴天皇制の規定を踏まえて、「代替わり」の儀式をめぐる問題点を再検討し、また早晩皇室典範の見直しが避けられなくなっている女系・女性天

皇問題について考える。

第四章　日本の戦争責任はいかに語られてきたか

日本人が戦後社会の流れの中で戦争責任をどう受け止めて来たのかを検討している。東京裁判では日本の戦争犯罪が裁かれたが、さまざまな不備があった。日本の植民地支配の責任、「人道に対する罪」などは取り上げられなかった。日本人に戦争責任が自覚されるようになったのは東京裁判以降である。とくに現在では過去に対する責任なしに未来志向はないこと、歴史の教訓を国際的に共有することの大切さが指摘されている。

〔コラム3〕『天皇の戦争責任・再考』（洋泉社新書）を読む　天皇の戦争責任をどう考えるか、日本人なら避けては通れない問題である。ここでは、洋泉社新書を取り上げて識者の議論をのぞいてみた。

第五章　戦争責任とどう向き合うか―ドイツ・イタリアとの国際比較―

ドイツ、イタリア、日本は第二次世界大戦においてファシスト枢軸国として連合国と闘った。しかし、それぞれの戦後は、国際軍事裁判、憲法制定、戦争責任の追及など、大いに異なった戦後を辿ることとなった。ドイツでは「人道に対する罪に時効はない」との考えを徹底し、自国の刑法を用いたナチ戦犯に対する追及と反省が今も続けられている。また国際法の壁を超えて、個人補償のあり方にも先進的な教訓を残した。他方、冷戦体制の下のイタリアでは苛烈な「逆コース」を経験し、ＮＡＴＯやＣＩＡからの露骨な介入によって世論操作が行われ、国の針路が制約されてきた。憲法で禁止されたファシスト党も事実上復活した。こうした波乱に富んだイタリアの戦後史を振り返りつつ、日本とは異なる道を選択した加害国の戦争責任の問題を概観する。

第六章　クラウス・バルビー裁判と仏国民の記憶

フランスのレジスタンス運動を弾圧した元ナチス親衛隊大尉のクラウス・バルビーは戦後を生き延び、数奇な人生を送った。その生き様は戦争の愚かしさとともに、彼を利用しようとする勢力と、自らの戦争責任を隠そうとする勢力の間で翻弄され、多くの隠された戦争の真実を暴き出すこととなった。そしてフランスが政府や国民として戦争責任とどう向き合ったのか、さらには自国の汚れた過去の記憶とどう向き合うべきなのか、こうした問いは我々自身が歴史修正主義を乗り越えるうえで貴重な材料を提供してくれている。

第七章　「教育勅語」の復活は許されない

安倍内閣は二〇一七年三月、「憲法や教育基本法に反しないような形で教育勅語を教材として用いることまでは否定されないと考える」と政府答弁書で述べた。しかし、戦後、教育勅語は衆参両院の本会議で満場一致、排除・失効決議がなされている。その理由は、新憲法や教育基本法に反していたからである。あらためて、明治時代に教育勅語がどういう意図で制定され、どういう役割を果たしてきたのか、そして、戦後、どう扱われてきたのかを振り返る。

〔コラム4〕国民の主権者意識と歴史認識　戦後改革の未完成の例として、新憲法を支える主権者意識形成教育を担う社会科教育が、ずっと中途半端な位置づけのもとにおかれてきたことを指摘している。

第八章　これはひどい歴史修正主義の教科書

「新しい歴史教科書をつくる会」の教科書は、歴史修正主義の教育版の見本である。それは、大東亜戦争肯定、アジア侵略の合理化などにとどまらない。日本の歴史全体を、天皇中心、為政者本位で描いている。民衆の生活やそのたたかいを軽視し、幕末の世直し一揆や明治末の大逆事件など為政者にとって都合の悪いことは無視するという恣意的な記述をしている。

〔コラム5〕「高校社会科解体」の真相　社会科は、民主主義を教える「戦後教育改革」の中心的な教科と位置付けられてきた。それだけに、教育反動化のなかで、権力側は常にその「骨抜き」をはかろうとしてきた。しかし、小・中学校の場合は「社会科」そのものまでなくすことはできなかった。ところが、なぜ高校の社会科だけが「解体」され、地歴科と公民科に分離されたのだろうか。その真相を探るとともに、あわせて影響を整理してみた。

第九章　南京事件——殺戮少数説への批判——

南京事件は日本の中国侵略戦争の転機となった重大事件であり、東京裁判で日本の戦争責任追及の中心ともなった事件である。その中国人殺害数を巡ってはゼロから数十万人まで大きな幅があるが、東京裁判は二〇万人以上と認定した。そこで、殺害者数二〇万人以下を「殺戮少数説」と呼び、これを批判的に検討した。少数説の中心は四万人を唱える秦郁彦氏の所説である。しかし、この少数説を補って全体像を復元・推測すると、四一万人という数字が出てくる。他方、中国側の資料を積み上げても同じ数字が出てくる。筆者（近藤）は、日・中の所説は対話可能であるとし、今後、両国の共同研究が進むことを期待している。

第一〇章　国際法の発展と「侵略」の定義

安倍晋三前首相はかつて国会答弁で、「侵略」の定義について「学会的にも国際的にも定まっていない。国と国との関係でどちらから見るかで違う」と述べた。しかし、「侵略」が国連によって定義がなされたことは、世界の常識である。国際法が、「違法な戦争」「侵略」の定義に取り組むようになった歴史的経緯を追う。

〔コラム6〕日本国憲法は果たしてアメリカの「押し付け」か

〈日本国憲法はアメリカの「押し付け」だ〉というのが、歴史修正主義者たちの主要な主張の一つである。果たしてそうだろうか。占領政策上、天皇制を存続・利用しようとしていたマッカーサーは、極東委員会開催前に連合国が納得できる憲法案を用意しようと、ＧＨＱ民政局に起案させた。民政局は民間の憲法研究会が作成していた「憲法草案要綱」などを参考にした。それは、かつて自由民権運動のなかでつくられた私擬憲法を取り入れたものであった。その後、日米共同で「改正案」が作成され、男女同権の総選挙で選ばれた新しい国会で慎重審議、何箇所かの修正の上、制定されたのが現行憲法である。国民は新憲法を歓迎・支持した。「押し付けられた」のは明治憲法にしがみつこうとした当時の為政者たちであった。

なお、第Ⅲ部には「執筆者座談会」を、そして本書の末尾には付録として「歴史修正主義関連年表」を掲げておいた。前者はちょっと一息をついて歴史を振り返るための coffee break として、後者は歴史を立体的に理解するための手立てとして、大いに参考にしていただきたい。

第Ⅰ部　歴史修正主義の風潮にあらがう

第一章　日本近現代史の真実を考える現代的意義

井口和起

一　「歴史」の「真実」とは何か

表題に「日本近現代史の真実」という言葉を使ったが、そもそも、だれもが認める「真実」として「歴史」を語ることはできるのか、と問いかけられると、答えることは容易ではない。歴史は常に書き換えられるものであり、問題は、何を根拠に、誰によって、どう書き換えられるかにあるからである。

まず思い浮かぶのは、新しい考古学的発見や記録史料等が発見されると、今まで歴史的事実とされていたことが否定され、修正されることを私たちはしばしば経験している。しかし、これは歴史に限ったことではない。自然界の今まで知られなかった事象の発見や、事象と他の事象との相互関係を解き明かし、そこから新しい法則が発見され、かつての法則が疑問視されることなどの繰り返しの中で、自然科学は発展してきた。過去の出来事についての歴史でも同じで、このような意味で歴史が書き換えられても、だれもこれに不信感を持たないし、とりたてて「歴史に真実」があるのかなどと問題にはしない。

それにもかかわらず、「歴史」の「真実」とは何か。「客観的な歴史的真理」はあるのかという問いが発せられるのには、「歴史」あるいは「歴史書」には何か特別の事情があるからではないか。答えは容易ではないが、少しずつ順を追って問題を解きほぐしてみよう。

まず、歴史的事実とは何かということから。

過去に起こったことすべてが歴史的事実だと考える人はまずいないだろう。大海に生きる無限の生き物の中から、何を釣り上げるかは釣り人の狙いや場所、使う道具と技量にまかされている。同じように、過去の無限の出来事の中から何を歴史的事実として選び出すかは、それを語る人や歴史書を書く人（以下すべて歴史家と言うことにする）の判断にまかされている。選び出されてはじめて過去の出来事が「歴史的事実」となるのである。

E・H・カーは『歴史とは何か』（清水幾太郎訳、岩波新書、一九六二年）の中で面白い例えを書いてくれている。

「シーザーがルビコンという小さな河を渡ったのが歴史上の事実であるというのは、歴史家が勝手に決定したことであって、これに反して、それ以前にも以後にも何百万という人間がルビコンを渡ったのは一向に誰の関心も惹かないのです」（同書、九ページ）。

「ルビコンを渡る」という言葉は、現在でも「もう後戻りをできない重大決意をし、行動に移すこと」を意味する言葉として使われる。ルビコン河は、古代ローマの本拠地であるイタリアと属領のガリアとの境だった河で、この河の内側に軍を率いて入ることは元老院令で禁じられていた。シーザーはこれを無視して大軍を率いたままこの河を渡り、「賽は投げられた」と叫びローマに向かった。ここにローマの内戦期が始まり、やがてシーザーの独裁制からローマの共和制が帝政へと移っていく。つまり、これ「以前にも以後にも何百万という人間がルビコンを渡った」のとは異なり、古代ローマの政治の一大転機の始まりを告げた出来事となったことから、「シーザーがルビコンという小さな河を渡った」ことを「歴史的事実」として「歴史家が勝手に決定した」というのである。

カーのこの本は、一九六一年の一月から三月にかけイギリスのケンブリッジ大学で行った連続講演をこの年の秋にまとめて出版したものである。一八九二年生まれの彼は、ケンブリッジ大学を卒業後イギリスの外務省に勤め、第一次世界大戦後のパリ講和会議にイギリス代表団の書記官として加わっている。一九三六年に外務省を退職後、ウェールズ大学アベリストウィス校の国際関係論の学部長に就任。第二次世界大戦中はイギリス情報部の職員であるとともに、『タイムズ』紙の記者として活動した。一九三九年の彼の『危機の二十年』は、第一次世界大戦後から第二次世界大戦勃発までの国際関係を論じたもので、現在も国際関係研究の基本文献とされている。戦後はケンブリッジ大学トリニティ・カレッジの研究員としてロシア革命史の研究（全一四巻）をライフワークとした歴史研究者である。

一九世紀に「歴史とは何か」という問題は、ほとんどが「歴史哲学」として哲学者が論じていたのだが、彼は二〇世紀を代表する著名な歴史家として「長い間の歴史的研究および叙述の経験を通して得られた智慧の結晶」（訳者の「はしがき」より）として「歴史とは何か」を論じて、一九六〇年代以降の日本の歴史学界にも大きな影響を与え続けている。
話の本筋に戻ろう。

二　同時代でも歴史の描き方が異なるのは何故か？

繰り返しになるが、カーは「歴史的事実」は過去の出来事の中から「歴史家が勝手に決定した」のだという。だとすると、「客観的な歴史的真理」は語れるのか。

ここから問題が複雑になってくる。これを一般化して言うとこうなる。

歴史家Aがこれは重要な「歴史的事実」だと判断しても、別の歴史家Bは異なる出来事や現象の方が「歴史的事実」として重要だと主張することがある。というより、歴史家はたくさんいるからその数だけ「歴史的事実」があっても不思議ではないということになる。だから誰もが認める「客観的な歴史的真理」などは存在しないということになってしまう。だったら、歴史を語ることや知ることは各人各様の勝手な興味に任せておけばすむ話で、せいぜい人間の知的な遊戯という程度の意味しか持たないことになるだろう。

ところが、そうはならずに歴史をめぐって私たちはさまざまに議論する。時には激論し、議論の内容によっては外交上の政治問題になってしまうこともある。

なぜだろうか。

結論から言えば、人間は社会的産物だというところから事が始まっているからである。

歴史家Aも歴史家Bも、また彼らの歴史書を読み、歴史的事実を知ろうとする読者のaやbもまったく独立した個人だと思ってはいるのだが、その考え方や知識や時には感覚や感情さえも、彼が生きている社会全体の影響を受けて形づくられているもので、その社会の産物であることをどの個人も逃れられない。そうすると、歴史家AとBとでは、彼が社会の中でどんな位置にあり、どんな役割を果たそうとしているのかによって、異なった歴史への態度ができてくる。だから歴史書の読者aやbは、手にしている歴史書の著者つまり歴史家AやBがどういう人なのかを知っておくことが必要不可欠になる。

それればかりではなく、歴史的事実を示す根拠となる記録史料（文書だけでなく、口述や映像等も含むあらゆる記録史料）を遺した過去の記録者たちも社会的産物としての記録者だから、そこにもその時代の社会での価値観・感覚や記録者の社会的立場や役割が反映されている。つまりその時代の社会の産物としての彼の視点から記録された、言い方が悪いかもしれないが彼の「色眼鏡」を通して遺された記録である。あらゆる史料がこれを免れない。歴史家たちは常にこれを意識し、その史料の性格や信憑性と限界などを検討し、そこから歴史的事実を探り出す仕事をするのである。

読者のaやbも、彼らのおかれた社会的産物としての興味関心から歴史書を手にし、何かを理解しようとするのである。どんなに独立心の強い人でも、社会的産物として身につけている考え方や感じ方からまったく切り離されて、「虚心坦懐」に読むなどということはありえない。

歴史や歴史書の持つこのような特性を確認すると、歴史家Aであろうと Bであろうと、現代社会の人間として過去に問いかけ、過去の出来事の中から彼が重要だと判断する出来事を「歴史的事実」として拾い上げ、歴史を叙述しているのだから、歴史は常に現代から過去に問いかける作業である。時代が変われば問いかける歴史家の問いも必ず変わるから、常に歴史は書き換えられることになる。また、問いかけられた過去は、その問いのあり方によって異なった回答を寄せるのだから、それは現代と過去との対話ということになる。

三 「客観的な歴史的真理」とは何か？

先に引用した『歴史とは何か』の中で、カーは次のように書いてくれている。「歴史とは歴史家と事実の間の相互作用の不断の過程であり、現在と過去との間の尽きることを知らぬ対話なのであります」（同書、四〇ページ）と。そのうえで、彼はもう一つ大事なことを指摘してくれている。

私なりの理解で簡単に紹介しておこう。

歴史は「現在と過去との対話」だと言ったが、この「現在と過去」という言葉は、実は便宜的な言い方である。私たちはよく「過去・現在・未来」という言い方をするのだが、過去も現在も未来も、一続きの切り離せない長い時の流れの一部分である。この切り離せない時の流れを「いま」という瞬間で「過去」と「未来」に区分するため便宜的に設定したのが「現在」という言葉である。私が、「いま」を現在と言い終わった瞬間に、それは既に「過去」になってしまっているし、逆に「いま」を私が「現在」と言うまでは、その時間帯は「未来」の時間帯に属していたのである。なんだか厄介な問答をしているようだが、要するに、「過去」から「未来」へと続くひと続きの切り離せない長い時の流れを区切るために、いわば「架空」の一瞬で一線を引いているに過ぎないのが「現在」という言葉なのである。

だから、私たちが「現在」を語るとき、いつも「過去」のつながりから生まれた「現在」を意識していると同じように、私たちは常に「現在」の中に意識的か無意識的かを問わず、「未来」へのつながりを忍び込ませている。つまり、過去への関心と未来への関心とは切っても切り離せないものなのである。過去の歴史的事実に対して「なぜ」と問いかける歴史家は、常に未来に向けて「何処へ」という問題を意識しているのである。だとすると、歴史は「現在と過去との対話」というのは、実は「過去と未来との対話」と言うべきである。カーの言葉を借りると「未来だけが、過去を解釈する鍵を与えてくれる」（同書、一八二ページ）ということになる。

以上を前提に、「客観的な歴史的真理」とは何かについてまとめておくとこうなる。

ある歴史家が語る歴史を「客観的である」というためには、少なくとも二つのことを確認しておく必要がある。

第一は、その歴史家が自分は社会的産物であると深く認識しており、そこから来る自分自身の時代的・社会的制約（狭さ）を自覚し、それを乗り越えようと努力する能力を持っていることである。その歴史家は常にこの努力の中で歴史を語るから「謙虚」であり、「完全な客観性」などとは決して自ら主張はしない。

第二は、その歴史家の語る歴史を未来に投げ入れてみて、他の多くの、とりわけ自分が社会的産物であるという認識や自覚が弱く、時代的・社会的制約を乗り越える自覚的努力をあまりしない歴史家の語る歴史よりもはるかに未来につながる深さと永続性をもった洞察となっているかどうかということである。

「客観的な歴史的真理」と私たちが言う場合、どういう意味を込めているかという問いについて、ようやく答えに近づいてきたようである。

もう一度、カーの言葉を借りて言うと「未来への理解が進んで初めて、過去を取り扱う歴史家は、客観性に近づくことが出来る」（同書、一八三ページ）のである。どの時代にも、誰でも認める「歴史的真理」という意味ではなく、「歴史とは過去の諸事件と次第に現れて来る未来の諸目的との間の対話」であり、「過去に対する歴史家の解釈も、重要なもの、意味あるものの選択も、新しいゴールが次第に現れるに伴って進化していく」、そういう意味で、私たちは「客観的な歴史的真理」について語るのだと彼はいう。

一例を挙げれば、こういうことではないかと私は理解している。近現代の戦争や植民地主義の歴史を語るとき、現代の価値観や国際法で断罪するのは歴史的ではない。その当時の価値観や法制度などを前提にして語り、理解しなければいけない。こう言われると、もっともだと納得する人が多い。たしかに、過去と対話するのだから、その時代の価値観や法制度を理解しなければ対話は成り立たないから、歴史家は常にその努力をしている。しかし、そこに止まってはいられない。過去の価値観とか国際法といっても、その時代に主流にはならなかったが未来に向かう新しいゴールを示すような価値観や法体系の芽生えが見えてくる。反戦平和や植民地主義批判の主張や運動は同じ「過去」の時代の中にも見出せる。それを通して歴史家は未来と対話しているのである。歴史家は裁判官ではないから

「断罪」などしない。過去の歴史を理解しながら、それを基礎に私たちは未来に向かってどう進むべきかを語ろうとする。それが歴史に学ぶということだと私は思う。

ここでもう一つ確認しておきたいのは、歴史家が見る「未来の諸目的」とか「新しいゴール」とかいうのは、歴史の外にある何か絶対的な力や価値などをさしてはいないということである。歴史の外にある絶対的な力を「神の摂理」だなどと言えば、それは宗教の世界のことになってしまう。「民主主義」とか「人権」などという言葉で表される価値も、歴史家たちは、歴史の「外」にある絶対的な命題として考えたりはしない。それらの言葉で語られるものが何かを、人類社会の歴史の中に事実として現れてくる具体的な内容をもったものとして理解し把握するのである。「民主主義」や「人権」などの内容も歴史の中に現れ豊かになり発展するのである。歴史は歴史の中で語られなければならない。

四　大きな変革期の歴史認識

このような歴史の特徴を前提にすると、従来の政治と社会の仕組みやその基礎となる価値観に根本的な違いが生じる歴史の画期となる変革期の後には、歴史の描き方に特に大きな違いが現れてくるのは容易に理解できるだろう。

(一) 明治の「明治維新論」

ここでは日本近現代史の始まりを告げた「明治維新」の例を簡単に見ておこう。

田中彰『明治維新観の研究』（北海道大学図書刊行会、一九八七年）は、明治期のさまざまな「明治維新観」を紹介しつつ、最終的には天皇主権の大日本帝国下で支配イデオロギーとして「天皇制的維新観」が形成されていく過程を解明した研究書である。

それによると、

①森有礼・福澤諭吉・加藤弘之・中村正直ら「明六社」に代表される明治の啓蒙主義者は、自由の精神とそれを基礎にした輿論や人心による歴史の進歩の法則性など、世界的な普遍性の中で明治維新をとらえ、維新の変革を遂行した政府の「進歩」的側面を重視した明治維新論を展開した。

②これに対して「自由民権」派の人びとは、維新後の「世直し」や「徴兵制・地租改正・学制」などに対する民衆の反対一揆の中に現れた、政治の主体への自覚と支配に対する抵抗の思想の形成と運動の中から立憲政体を求める維新論を唱えた。

③それらに対して、明治政権を主導したのが「王政復古」の「明治維新論」である。天皇・朝廷を旗頭に据えて倒幕を行った明治新政権だったから、当然この維新論が権力の最も権威ある維新観となる。江戸幕府に代表される武家政権の支配の時代からかつての天皇・朝廷を中心とした古代の天皇親政の時代への復帰＝「王政」が「復古」したことに歴史的事実の最重点をおく歴史論である。その観点から編纂された太政官系の『復古記』の編纂が完了したのは一八八九（明治二二）年（大日本帝国憲法制定の年）である。官設の大学から始まったアカデミズムの歴史学もこの流れに属し、肯定的な明治維新評価を前提として、史料を蒐集・編纂し、維新そのものや、ましてや維新後の「現代」への批判的考察などはしなかった。

④ちょうど、この明治中期頃から現れたのが徳富蘇峰・竹越三叉ら、「民友社」同人たちのいわば「平民主義的維新観」である。徳富蘇峰は、「貴族社会」から「平民社会」への転換は世界史の必然的な法則であり、明治中期の日本は「社会の秩序」の「転覆」ではなく「整頓」にあると唱えた。そして、一八九四〜九五（明治二七〜八）年の日清戦争を経て、日本が帝国主義への道を突き進み始めると、③を中核として種々の維新論が補完・修正・変質・転換されつつ全体として統合され、帝国主義国家としての近代天皇制に相応しい「維新観」が確立されていったという。

⑤さらに明治の後半から大正期にかけて、かつての「佐幕派」の維新論も現れ、それらは、江戸懐旧型・幕府衰亡論型や「雪冤型」（江戸幕府の無罪・潔白の主張）を論ずるものである。これらも結局は「天皇制的維新観」に組み込まれていったと、田中彰はまとめている。

その時代の社会的産物としてのそれぞれの社会的立場と価値観からどのように歴史が語られるかが典型的に現れている一例であり、現在のこれからも、その社会のそれを語る歴史家の価値観と関心の相違から、さまざまな明治維新論・明治時代論が語られていくであろう。

（二）戦後史の中の「戦後改革」認識

ようやく、この論集の課題である、戦後史の中で歴史をどうとらえるかの本論に入ることになる。第一に確認しておきたいのは、敗戦と戦後改革の持つ基本的な特徴の確認である。

これだけは不可欠だと思われる最も基本的な特徴を列挙しておく。

①日本の戦争終結は、戦争指導者のごく一部を排除したうえで、戦時の日本の政治指導者の手に

よってポツダム宣言の受諾というかたちでもたらされた。その際、彼らが最重要視したのは「国体護持」であった。②対戦相手の連合国の中心はアメリカ合衆国であり、降伏後の日本占領は事実上のアメリカの単独占領となり、その統治形態は間接統治であった（沖縄・小笠原諸島を除く）。③戦争終結前後から米ソ対立を基軸とした「冷戦構造」が戦後世界政治の基本構造として表面化してくる中での戦争終結であった。

日本の戦争終結や戦後政治の展開について、第二次世界大戦で枢軸国だったドイツとイタリアやその他連合国から敵国とみなされた国々との相違については、この他にも多くの論点があるが、これ以上は立ち入らない。

これらのことから、敗戦と戦後改革の歴史の大転換を受け止める日本人の歴史の認識には、いくつかの大きな変化と複雑な様相が生じた。

いくつかを列記してみよう。

①ポツダム宣言受諾の最終決定を、天皇の「ご聖断」による「戦争終結」というかたちに戦争指導者たちが政治的に演出し、八月一五日の「玉音放送」によってそれを全国民に伝えたから、民衆の中に天皇制への批判的な声が大きくはならなかった。「詔書」は「大東亜戦争終結ノ詔書」（終戦の詔書）と呼ばれて「敗戦」とは言わず、「終戦」という表現と意識を国民の多くの中に定着させてしまった。九月二日に連合国軍と日本との間に「降伏文書」（INSTRUMENT OF SURRENDER）調印が戦艦ミズーリ号上で行われた。この日、天皇が出した「詔書」にも「降伏」という文言が明記されていた。「降伏」という言葉はどう考えても、「敵に対して自ら敗れたことを認め、敵にしたがうこと」という

意味なのだが、あくまでも「敗戦」とは言わず、「終戦」という表現を定着させた。

②米軍による日本本土の大空襲・沖縄占領・原爆投下等をへてポツダム宣言受諾・降伏に至った経過から、日本人の多くはアメリカに敗北したと意識し、中国に敗北したという認識は定着しなかった。「終戦の詔書」でも原爆投下が特に触れられている。一九四六年四月に一変した「新年度教育方針」を提示するにあたって、「戦争末期ニ精巧優秀ナル米軍ノ空軍トソノ爆撃ニ日本ノ全ク無力ヲ痛感シ又原子爆弾ノ威力ニ完全ナ敗北ヲ喫シタ」と校長は訓辞している（田中仁『ボクらの村にも戦争があった』文理閣、二〇一二年）。

③敗戦によって台湾・朝鮮・樺太など、日本は植民地を失ったが、それを敗戦によって大日本帝国の領土が戦勝国に「割譲」させられたという認識を日本の支配層はもっていた。一九四五年一一月に幣原喜重郎内閣のもとでいちはやく外務省に平和条約問題研究幹事会を設置し、将来の連合国との講和を想定して検討を開始したが、そこで作成された一九四九年一二月三日付の文書の表題は、「割譲地に関する経済的財政的事項の処理に関する陳述」であった。植民地の喪失は大日本帝国の領土の「割譲」という認識である。さらに、一九四六年九月に大蔵省は外務省と申し合わせ、大蔵省管理局の附属機関として在外財産調査会を設置した。その報告書『日本人の海外活動に関する歴史的調査』の原稿は一九四七年末までにまとめられたが、序文の総括的な主張は次のようなものだった。⑴日本の旧植民地に対する施策は決して「植民地」に対する「搾取政治」ではない。⑵公有私有を問わず日本の財産は正常な経済活動の成果である。⑶日本の朝鮮統治が「帝国主義的植民地支配」と「搾取」とに終始したという見解が内外に支配的であるのは「頗る遺憾」である。日本の統治が欧米強国の植

民地統治よりも苛酷で、朝鮮人を「奴隷的に搾取」し、「幸福を蹂躙した」という論告は承服し難い。⑷日本の植民地の経済的、社会的、文化的向上と近代化は「もっぱら日本側の貢献」による。「教育機関の普及拡充」の「努力」は日本の朝鮮統治の「誠実」の表れである。⑸「割譲地」の日本側の公有財産だけでなく私有財産の「事実上の剥奪」は全く国際慣例上、異例のことである。⑹日本の旧植民地は、いずれも当時としては国際法、国際慣例上普通と認められていた方式によって取得し、世界各国も長く日本領として承認していたものであり、「帝国主義的発展史」ではなく、国家や民族の「侵略史」でもない。⑺それにも拘わらず、これを「国際的犯罪視」し「懲罰的意図」を背景として、これら地域の分離に関連する諸問題解決の「指導原理」とされることは、承服し得ない、等々というものだった。

④加えて、占領軍の間接統治は戦中の行政組織を基礎に行われたから、民衆を戦争動員した戦中の町内会や隣組の仕組みなど、国民の日常的な統合・統治の末端の仕組みに大きな変化が起こり難かった。

⑤そればかりでなく、占領支配を主導したアメリカの冷戦構造下での日本支配の早急な安定化をはかるために必要とされた天皇制の維持は新憲法下でも「象徴天皇制」として維持され、天皇の戦争責任は不問のままにおかれた。

⑥日本の戦後復興は、アメリカの世界政策に依存して遂行されたから、アジア近隣諸国との関係改善を軸に行われず、むしろ朝鮮半島の米ソ二大国による分断や中国革命の進展に敵対し、朝鮮戦争という「冷戦」が「熱い戦争」となって勃発したことと不可分に結びついて進んだ。そのために、近隣

諸国との早急な関係回復、その前提となる戦争の包括的な歴史的総括を行う必要さえも国民的意識に拡大しなかった。この点では、西ドイツがフランスをはじめ西ヨーロッパ諸国との関係修復を抜きに戦後復興を遂行不可能だったのとは大きく異なる。ナチス・ドイツ時代への歴史的反省がドイツでは国民的な広がりのなかで進んだ。

こうして、戦後日本では旧支配層の歴史的転換を受け止める歴史認識は旧態依然とした認識で止まっていた。ポツダム宣言受諾にともなって、大日本帝国憲法に基づく国家体制に何らかの修正が必要と考えた日本政府は、いちはやく国務大臣松本烝治を委員長とした憲法問題調査委員会を設置し検討をすすめた。それが示した基本原則は天皇主権と国体護持を堅持するというもので、天皇を主権者とは言わないまでも「至尊」の存在として残した。旧憲法にきわめて近い草案を作成したところに、この点は象徴的に表れていた。

しかし、国民の戦後改革認識はこんなものではなかった。

政府の憲法問題調査委員会の四日後に結成された民間の憲法研究会が一二月に発表した憲法草案要項では、国民主権を根本原則とし、天皇は専ら国家的儀礼を司る存在とされ、その即位は議会の承認を経なければならないとされていた。この研究会案は占領軍の総司令部（GHQ）にも提出され、影響を与えた。研究会の主要メンバーだった鈴木安蔵は憲法史の研究家であり、明治の自由民権家だった植木枝盛の憲法思想は、この研究会案に確実に受け継がれていた。こういう素地があったからこそ、国民主権・平和主義・基本的人権の尊重を三原則とする新憲法を国民は圧倒的に支持し歓迎し受け入れ、自分のものにしていった。

戦時下の弾圧から解放された多くの知識人たちは自由と民主主義の諸原理をはじめ、新しい「文化国家」の建設を行うべく、これまでの学問のあり方にも反省を加え、民衆に試され、共に鍛えられるべく各地で教育文化運動を展開した。京都人文学園や鎌倉アカデミアの営みなどはその典型であった。戦後改革の中で公認された労働組合をはじめとして民衆自身が自らの力で民主化を勝ち取る運動を推し進める中で、明治以来敗戦までの「国体」は「変革」されたという歴史認識を自らのものにしていった。

しかし、占領軍の許容する以上の労働運動をはじめとする民衆運動の高揚は制限され、「冷戦」が激化し、朝鮮戦争が始まるや否や、いわゆる戦後の「逆コース」とともに、旧支配層の歴史認識が大手を振って現れ始めた。

また、戦後改革は教育改革に典型的に見られるとおり、占領軍・政府そして旧来の行政組織を通じて主として「上から」の改革指示で進められた側面が強かった。前掲の田中仁の著書はこう指摘している。

敗戦後の生活の立て直しと教育の再建を目指して始まった教職員組合運動の始まりでさえ、組合の結成やその後の運営・組合闘争でも校長がその中心を担った。校長が組合の闘争委員会に出張で出席してその方針を教職員に伝え、児童にも訓話した。その姿は戦時中の行政と学校の関係とほとんど同じで、上意下達の構造に変わりはなかった。ほんの一年半前まで「本土決戦」「皇国不敗」「我等の覚悟」の訓話をしていた同じ校長が今度はゼネストの趣旨について児童や親に訓話するというのも決して珍しい光景ではなかった、と。

こうした「戦後」の迎え方の中で、民衆自身の歴史認識の転換も未完成に止まった。油井大三郎が『未完の占領革命』（東京大学出版会、一九八九年）の中で、戦後改革は「精神革命が未完の政治革命」だったと概括しているとおりである。

本書が課題とする日本における「歴史修正主義」の問題は、こういう戦後史の中でのことだから、ドイツに始まった「歴史修正主義」問題とは相当大きな違いがあると思われる。

現代日本における「歴史修正主義」との対決は、この「未完」の「精神革命」を受け継ぎ「完成」に向けた国民的努力の仕事と言わねばならないだろう。

本書の諸論稿がそれに大きな示唆を与えてくれるものと確信したい。

第二章　歴史修正主義とは何か、何が問題か

成瀬龍夫

一　わが国での歴史修正主義の動き

「歴史修正主義」という言葉は、西ヨーロッパで一九九〇年代に「ホロコースト（ユダヤ人大量虐殺）はなかった」という意見が出てきたとき、これに対する批判として使われはじめた historical revisionism だといわれている。ただし西欧では、ごく少数の勢力の動きにとどまっており、政府権力とは一体化していない。

それにくらべてわが国の状況はだいぶ異なる。わが国では、靖国神社が日本の中国侵略を否定し、アジア解放戦争であったと主張してきた。また一九九〇年代後半から「新しい歴史教科書をつくる会」が日本の敗北を認めた東京国際軍事裁判を認めることは自虐史観だと主張してきた。安倍晋三前首相と右翼団体「日本会議」は天皇制を日本の「国体」の根幹として美化し、改憲プランの実行をねらってきた。歴史評論家の保阪正康氏は、このありさまに、「日本だけが、今、歴史修正主義が権力と一

体化してしまっている」（保阪正康『安倍首相の「歴史観」を問う』講談社、二〇一五年）と危惧している。

二　私たちは自分の国の歴史が理解できているか

二〇一九年八月一二日の朝日新聞に中学生（奈良県一四歳）の以下のような投書が載った。

「ありのままの戦争を教えて

私は先日、一月の直木賞受賞作『宝島』（真藤順丈著）を読みました。この本は戦後の沖縄を時代背景としており、私は知らないことばかりでした。興味を持ち、沖縄の地上戦について自分で調べました。

私は衝撃を受けました。沖縄の地上戦の悲惨さはもちろんですが、この事実を今までに知る機会がなかったということも驚きました。小学校では毎年、平和学習があり、広島の原爆や東京大空襲を中心に六年間勉強しました。しかし、沖縄の地上戦のことはあまり教わっていません。また『南京事件』のような日本が周りの国に行ったことも教わりませんでした。

なぜでしょうか。戦争の悲惨さを教えることはとても大切ですが、教える内容を偏らせてはいけないとおもいます。原爆のように日本が被害者側となった事実を教えていると、『日本は原爆や空襲を受けた。他の国にひどいことをされた』という認識だけになってしまいます。実際に私もそうでした。

事実を客観的にありのままに伝えなければ、本当に『戦争を知った』ことにならず、平和を考えることは出来ないのではないかと思います。」

世界で唯一の核兵器被爆国として、また膨大な数の戦没者と遺族を抱えてきた国として、日本では戦争の悲惨さを学ぶ平和教育や平和学習が熱心に取り組まれてきた。それは世界のどの国にも引けを取らない活動である。しかし、戦争の背景にも目をやり、その原因を理解するための学習・教育の状況は、国民のあいだで果たして十分であっただろうか。とくに平和教育と一体となるべき歴史教育が学校あるいは地域社会において十分に取り組まれてきたかといえば、疑問符をつけたくなる。

「戦争は嫌だ」「二度と戦争をしてはならない」として反戦・平和の願いを持つ国民が多数存在しながら、わが国の明治維新以降、戦争で血を流した歴史については意外と知識が浅薄で、心情的な理解しか持ち合わせていない人が少なくない。日清・日露戦争の勝利は日本が「世界の一等国に仲間入り」した戦争だと思い込み、第二次世界大戦に日本が負けたのは「軍国主義を煽った一部の軍人指導者の責任だ」という具合で、国民自身がどうかかわったかの全体認識は持ち合わせていない人が多い。また、戦争責任意識の面では、日本人は自らの被害者意識が強く、加害者としてのそれがきわめて弱いともいわれてきた。

高齢化社会が進行してきたことも、日本人の歴史認識に影響している。戦後七〇年余を経て人口の高齢化が進み、戦争の直接体験者がごく少数となり、語り継ぎも少なくなり、戦争へのリアルな関心、情報が薄れつつある。全国各地にある平和資料館・平和祈念館は、第二次世界大戦の資料展示を中心に活動しているが、近年は広島の原爆関連を除いて入場者は減少傾向にある。とくに戦争資料を保管し公開講座などを引き受けていた地域住民の語り部が少なくなったため、閉館に追い込まれるところが出てきている。大学生に対する意識調査でも、戦争についての知識や関心を持たない学生が以前より増えていることが指摘されている。

三　歴史修正主義が発生する日本社会の構造

日本人としてきちんと体系的に近現代史を学んでこなかったことが、歴史認識にさまざまな断絶や空白を生んでいることは間違いない。そのことが、歴史修正主義の跳梁を招いている原因の一つになっているともいえそうである。ただし、歴史修正主義の主張は、よく見ると新説といえるような目新しいものはほとんどない。戦前―戦中から唱えられてきた内容の繰り返しであったり、戦後はもはや公然と声に出されなくなり、死語化したものが昨今公然とまかり通っているのである。

これを見ると、戦後のわが国の歴史教育に弱点があるというより、日本社会の「戦後改革」の徹底度合いに原因があると考えざるをえない。たとえば、昭和天皇の戦争責任の問題について、日本の国民には天皇を公に裁く機会などはなく、第二次世界大戦に対する日本の責任、あるいは明治以来の天皇制国家の性質・本質などへの日本人の認識はほとんど深められることはなかった。国民が戦後新憲法によって主権者になったことについても、主権者意識を育てる教育が社会科の目標として設定されながら、中途半端な存在に追いやられた（コラム4参照）。植民地政策の戦後処理も、国民にとって韓国併合の不法性を反省する機会がなく、一九六五年の日韓条約締結で「すべて解決」したとし、一方的に日本が朝鮮半島に目を閉ざす時代が最近まで続いている。

本書の第一章（井口論文）で指摘されているように、「戦後改革」の不徹底が歴史修正主義の跳梁を許す構造的原因であるといわざるをえない。それだけに、歴史修正主義を払拭し、日本人のなかにまっとうな歴史観、歴史認識を定着させるためには、ただ歴史教育を活発にすればよいだけでなく、日本の社会構造や文化構造の民主化と結びついた国民の主権者意識と人権意識の発達が重要であることが理解されよう。

四　歴史修正主義の何が問題か

（一）歴史認識の修正と修正主義の違い

歴史の認識は、時代や社会の環境によって流動する。それは、史実の認識が変動したり、それを評価する基準が変化したりするからである。歴史認識ががらっと変わることも珍しくない。大きなところでは一五〇年前の明治維新がもたらした歴史断層的な社会レジームの変化、あるいは七五年前の帝国憲法の廃止と日本国憲法の成立がある。身近なところでは遺跡や遺構、古文書による史実の新発見があったりすると、それまでの歴史的な常識や定説が大幅に覆ることも珍しくない。

いわゆる歴史観についても、西欧の中世をキリスト教一色、日本の中世を仏教一色で見る「宗教史観」などがあるが、明治維新から第二次世界大戦までの日本では、神話と天皇中心の「皇国史観」が支配、蔓延していた。神話は歴史とはいえないが、戦前にあっては神話は史実あるいは史実を超える絶対的なものとして扱われ、かつ信じることを強制された。戦後は、「皇国史観」が否定され、民主主義と思想・言論の自由化によって、日本人は個人としてどんな歴史観をもとうと自由になった。ただし、歴史を見る国民的な軸や柱がなくなったわけではない。戦前の天皇主権の「皇国史観」と対比すれば、戦後は憲法によって国民主権と立憲主義が確立されたので、私たち国民の多数が共通に抱いている史観を名付けるとすれば、国民主権と立憲主義の「新憲法史観」といってよいかもしれない。

しかし、歴史修正主義の人々の歴史認識への向きあい方はどうもそれとは異なる。確証性のある史実の発見や因果関係の解明というよりも、戦前の皇国史観の埃を払って日本の天皇家の系図の古さやそれに連なる「伝統」「文化」などを誇りとし、歴史の不都合な部分は否定し、自分たちに好都合に解釈し、教科書の書き換えを要求して戦後の歴史教育に自分たちの解釈と価値観をあてはめようとする。歴史修正主義に初めて出くわす人は、最初は「ほんまかいな」と驚き、そのうちに「よくわからんわ」と混迷し、真偽を見失ってしまうことにもなりかねない。

(二) 歴史修正主義の定義

「歴史修正主義」なる用語については方々で適当な説明がなされている、ここでは「しんぶん赤旗」のそれを紹介しよう。

「『歴史修正主義』とは、一般に、侵略戦争や植民地支配、軍隊等による組織的残虐行為など、こんにち批判的な評価が定着している事象について評価を逆転させて支持・擁護する主張をさす用語です」「しんぶん赤旗」二〇〇九年一月八日)。

筆者はこの定義に異議はないが、対象とする意味範囲をより広げてもよいように思われる。すなわち広義にも用いて、史観を問うような次元（例：皇国史観）も含まれる。狭義は歴史的事実・事件の真偽を争うような次元（例：南京事件）である。そして、日本の歴史修正主義の特徴の一つは、「皇国史観」を柱にした広義性にあるといってよいだろう。

歴史修正主義を唱導する人々は、狭義の歴史的事実・事件の評価を書き換えようとするだけでなく、むしろ日本の近現代の発想において「戦後全否定・戦前全肯定」といってもよいような広義性をもっている。修正論者は、科学的実証の方法をとらない代わりに、共通した特徴として陰謀史観をちらつかせる傾向がある。歴史修正主義を唱導する人々がよりどころとする日本会議という組織は、言論面だけでなく、政府・与党政権と表裏一体となって改憲行動を展開する団体である（日本会議の結成の歴史、組織、精神、安倍政権との関係については、山崎雅弘『日本会議―戦前回帰への情念』集英社新書、二〇一六年、を参照されたい）。

日本の歴史修正主義は、おおまかにいって、①靖国神社による「中国侵略戦争」を否認した右翼的な潮流、②一九九〇年代以降の新しい歴史教科書をつくる会による日本の敗戦承認を「自虐史観」とする主張、③日本会議と安倍前首相による天皇制美化の「皇国史観」と憲法改定行動、という三つの系譜をもっている。これらの系譜を踏まえて「日本の歴史修正主義」を簡単に定義すれば、「天皇制と第二次世界大戦という日本の近現代史の中心軸の認識について、皇国史観の再評価、第二次世界大戦の敗北否認の立場に立ち、天皇制ナショナリズム復活を唱導するファナティックな思想」というのが適当だろう。

ただし、ある人がどのような歴史認識や保守的右翼的言論、歴史観を主張したとしても、思想信条の自由と表現の自由を尊重すべき立場からすれば、そのことでもって社会から差別されたり排除されたりすることはあってはならない。しかしまた、前大戦の日本の敗戦を認め新憲法を擁護しようとする人々を「自虐史観だ」といって非難したり、教科書「改訂」の圧力をかけたりといったことに対しては、誰もが正当に反論する権利と自由をもつ。

五　歴史修正主義の主要な論点

歴史修正主義の論客たちには、ほぼ共通する論点を見ることができる。例えば、天皇主義の国体復活論、自主憲法制定論、教育勅語の再評価、東京国際軍事裁判の不承認、朝鮮等の植民地には開発と近代化の利益があったとする植民地政策容認論、日本はコミンテルンの陰謀によって開戦に巻き込まれた、など。

ここでは、紙幅の関係から歴史修正主義が投げかける論点のすべてを取り上げるわけにはいかないので、論者におおむね共通したものとして五つの事項をピックアップし、それに簡単な批判的コメントをつけた。

①天皇制を根幹とする「国体」＝皇国史観の復活論

修正主義の音頭をとる人たちは、日本の歴史を天皇制国家の歴史として理解すべきだとし、皇国史観によってナショナリズムを唱導する。そのわかりやすい例が安倍晋三前首相である。彼は自著『美しい国へ』（二〇〇六年）において、次のようにいう。

「日本の歴史は、天皇を縦糸にして織られてきた長大なタペストリー……日本の国柄をあらわす根幹が天皇制である。」「世界を見わたせば、時代の変化とともに、その存在意義を失っていく王室が多いなか、一つの家系が千年以上の長きにわたって続いてきたのは、奇跡的としかいいようがない。天皇は『象徴天皇』になる前から日本国の象徴だったのだ。」

渡辺昇一氏は、『戦後七十年の真実』（二〇一九年）において、「（日本は）神話の時代から現代までが一本の線でつながって」いる世界唯一の国であり、「日本の歴史を学ぶときに神話を無視することはできないというのは、こういう理由からです」などと書いている。

②「教育勅語」活用論

安倍前政権下では森友学園が園児に教育勅語を唱和させていたことが問題となり、さらに「道徳として現代に通じるものがあり、学校で教えてもかまわない」（柴山文部科学大臣国会答弁）とした。こうした言動に、安倍政権の「時代錯誤」「戦前回帰志向」など各方面から批判の声が上がった。

しかし、教育勅語はその内容が単に道徳の教科書として評価されてきたものではない。戦前の位置づけをみればわかるように、大日本帝国憲法における天皇制の規定と教育勅語とは、天皇制ナショナリズムの車の両輪であった。現代日本の天皇制ナショナリズムを唱道する歴史修正主義者も、憲法に天皇の「元首」を明記することと、教育勅語を正式な道徳教科書として復活することが悲願のごとく見える。

③東京裁判の否定と天皇の戦争責任否定

歴史修正主義の人たちは、「東京裁判は戦勝国による一方的な裁判で不当である。それを受け入れるのは、自虐史観に囚われることだ」と主張する。また、「昭和天皇は憲法上『無答責』、戦争責任は問われない」という。

「天皇無答責」論は、明治憲法によって法的責任が問われないという主張であるが、それは、天皇機関説による天皇の国家論的位置づけによるもので、明治憲法自体にはそうした明文規定はない。天皇機関説――国家は法人であり、天皇はその最高の機関であるとする美濃部達吉の説――は、大正期には政府によって受認されていたが、昭和に入ってからそれを排撃する国体明徴運動が起こり、天皇主権説が絶対的な解釈とされるに至った。このために、「天皇無答責」は、憲法上に規定がないばかりか国法学的な解釈の拠りどころもなくなってしまった。東京大学の加藤陽子氏は以下のような説明をしている。

「天皇機関説が保証してくれていた君主無答責が、昭和一〇年（一九三五）の機関説排撃事件で葬られてしまいましたので、終戦の時は、ある意味、天皇の『無答責』を保証する国法学的な解釈がなくなってしまっている。天皇は、太平洋戦争のそれぞれの作戦指導で、ご下問というかたちで、統帥部の判断を変更することがありましたので、天皇『無答責』というのは、太平洋戦争中の国務と統帥については、無理があると思っています」（半藤一利・加藤陽子『昭和史裁判』）。

昭和天皇は、形式的にも実質的にも自ら統帥権を行使し、日中戦争や太平洋戦争の開戦承認と遂行の過程に深くかかわり、決してロボットのような存在ではなかったのである。東京裁判でA級戦犯として訴追されてもやむをえなかったが、マッカーサーとアメリカ本国が対日占領行政の円滑化のために天皇を免罪にする方針をとった。

戦争末期に敗戦が濃厚な戦局になっても、天皇は降伏することに逡巡した。国民のあいだで、ポツダム宣言受諾の「ご聖断」は、それがもう少し早ければ広島・長崎への原爆投下を免れたのではないかという見方が根強く存在する。

④「押し付け憲法から自主憲法制定へ」

これは、戦後政治を支配してきた自由民主党の一貫した政治目標である。しかし、このスローガンには何重もの歴史的な誤りがある。

日本に新憲法を制定することは、ポツダム宣言受諾の時から避けられない道であった。ポツダム宣言は、戦争犯罪人の厳罰とともに、「日本国政府は、日本国国民の間に於ける民主主義的傾向の復活強化に対する一切の障礙《しょうがい》を除去すべし。言論、宗教及思想の自由並に基本的人権の尊重は、確立せらるべし」とうたっていた。これに基づいて、統治権を託された連合国軍総司令官が次々と改革を指令し、その一環となったのが日本国憲法の制定である。

新憲法制定の過程で、当時の日本政府がもっぱら天皇制の護持にこだわって新憲法の原案を作成する責任を示さなかったので、アメリカ占領軍が原案を作成し、当時の日本政府と国会はそれを全面的に受け入れた。この過程で、アメリカ占領軍の強いリーダーシップがあったに違いないが、押しつけでも何でもなく、国民多数の合意が存在し、国民が納得し歓迎した過程といってよく、正統性を備えたものと認めてよい。

昭和二一年一一月三日の日本国憲法公布記念式典における天皇の勅語を紹介しておきたい。

「本日、日本国憲法を公布せしめた。

この憲法は、帝国憲法を全面的に改正したものであって、国家再建の基礎を人類普遍の原理に求め、自由に表明された国民の総意によって確定されたのである。即ち、日本国民は、みずから進んで戦争を放棄し、全世界に、正義と秩序とを基調とする永遠の平和が実現することを念願し、常に基本的人権を尊重し、民主主義に基づいて国政を運営することを、ここに、明らかに定めたのである。……」

勅語では、「国民の総意によって」「日本国民の総意に基づいて」と二回にわたって新憲法が「国民の総意」によることを強調している。内容も簡潔で立派である。

新憲法を「占領政策基本法としてつくられた」ものとし、憲法リセット論を唱える見解（例えば、渡辺昇一『戦後七十年の真実』）は、まったく特異な見解である。

アメリカ側の押しつけがあったというならば、それは憲法九条に反する再軍備を要求し、サンフランシスコ講和条約の締結と同日に、秘密裡に日米安保条約が結ばれたことであろう（安保条約の本質とその成立過程をめぐる日米関係については、豊下楢彦『安保条約の成立』岩波新書、一九九六年参照）。

⑤植民地支配を美化する近代化利益論

歴史修正主義の論者には、植民地支配が相手国住民に多大の迷惑と被害をかけたことに対する謝罪や反省が少ない。むしろ根底には「日本の支配にはいいところもあった」という居直りもみられる。

イギリスのインド統治、オランダのインドネシア統治などにくらべると、日本の朝鮮統治が、産業インフラの整備、学校教育の普及、社会的身分制度の撤廃（朝鮮王朝時代の封建的身分制度の撤廃＝一般的に両班・中人・常人・賤人の四つに大別される身分制度の廃止）など、現地住民の生活水準の向上に寄与する面があった。これらのことを指して「日本はいいこともした」と主張し、「植民地近代化」論が唱えられたりしてきた。しかし、植民地住民の民族自尊心を無視し、自由と人権、民族独立の要求を掲げた人々を無視して弾圧したことを忘れて、植民地政策を評価することはできない。

日本の植民地政策の本質は、植民地の資源の収奪と管理、治安の向上、軍事面からの必要性と効率性をねらったものであった。また、日本人を現地に移住させ安心して生活させるためには、インフラや教育水準の確保など民政面の「内地化」をはかる必要があった。住民の民生や自主独立を本心から支援するといったものではなかった。朝鮮では少しでも民衆の独立運動の動きがあると厳しく弾圧され、拷問・虐殺が頻発し、農耕地の略奪、創氏改名、労働者の徴用工としての強制労働、従軍慰安婦問題などが起こった。

六　歴史修正主義の主な論客たち

歴史修正主義のイメージをもってもらうために、歴史関係での著作活動に熱心な一部の論客に絞って名前を掲げておきたい。例えば、渡辺昇一、藤岡信勝、西尾幹二、田母神俊雄、小堀圭一郎、中西輝政、櫻井よしこ、といった人々である。これらの人たちは、文学者、評論家、ジャーナリストが多い。学者もいるが、歴史学者ではない。専門的な歴史学者で修正主義史観に加わる人はほとんどいないといってよいが、歴史学の専門学者は、学問的論議にならないので、近寄らないといってよいだろう。

論客の中でも精力的な活動をされている一人が櫻井よしこ氏である。櫻井よしこ氏は、雑誌記事や短いコラムの中で自論を大量に吐きまくり、それを次々と単行本にしているビジネス上手なコラムニストである。しかし、自分の見解を断定的に主張するだけで、真偽の吟味がどれだけなされているか疑わしい。一見国際問題の評論家のようであるが、立ち位置は歴史修正主義と変わらない。二〇一三年五月に開催された日本会議関連の「皇室の伝統を守る国民の会」では、代表発起人として「皇室の歴史は日本真髄」などとのべてあいさつしている、彼女はまた、「私たちは何よりも、精神的無国籍状態から脱したい」といい、その原因が、アメリカの占領政策で日本民族としての歴史と神話を学ぶことが否定され、その影響を引きずっているからだとする。「正しく歴史を知れば国力は強化される」「日本人はもっと歴史闘争に参加せよ」と呼びかける（櫻井よしこ『日本の敵』）。

論客の中で筆頭格といえば渡辺昇一氏である。彼の『反日に勝つ昭和史の常識』（WAC、二〇〇六年）を取り上げてみよう。

第一〈「満州国は日本が侵略してつくった」のではない。それは、満州国皇帝であった溥儀の教師で当時第一級のシナ学者だったイギリス人レジナルド・ジョンストンの『紫禁城の黄昏』を読めばわかる。同書は、満州に対して一番正しい見方をしている。「満州は清朝政府の復活である。満州人の満州人による満州人のための満州国」を作りたかったが、能力がなかったので、日本が「内面指導」した。満州国は傀儡政権だといわれたが、傀儡政権は必ずしも悪くない。「満州国の傀儡政権は当時考えられる最高の人道的配慮」がなされた。東京裁判では、同書が証拠申請されたが却下された。証拠採用されたら、東京裁判自体が成り立たなくなるからだ。〉

ざっとこんな調子である。彼の手にかかれば、国際連盟の調査団長であったリットンも、「満州事変は侵略とは簡単にいえない」とのべていたとして、侵略否定の発言者に変わってしまう。それにしても、傀儡政権の何が悪いのかという開き直りには恐れ入る。

第二〈サンフランシスコ講和条約第一一条は「連合国戦争犯罪法廷の裁判を受諾し」と書かれているが、「裁判」の原文は judgements で、「判決」あるいは「諸判決」と訳すべき誤訳である。日本が受け入れたのは諸判決、その執行責任であって、裁判ではない。東京裁判そのものも不法で、戦勝国が、ポツダム宣言や国際法になかった「平和に対する罪」で裁いたが、これは事後法禁止に抵触する。裁判をやり直せば、今度は日本が勝つ。〉

しかし、この論理には疑問を感じる。かりに「判決」と訳しても、文脈の意味は何も変わらない。裁判があったから判決があったのであり、裁判は認めないが判決の執行責任は認めるというのは、他にたとえようがない話である。東京裁判での裁判基準「平和に対する罪」は、侵略戦争を国際法上も違法化し個人の戦争犯罪を問うというパリ不戦条約以来認識の変化を背景に、第二次大戦中に用意された基準であった。古い戦争観と旧法の適用しか認めない人々はこうした国際法の発展をまるで理解しようとしない（国際法の発展については第10章参照）。

第三〈マッカーサーは、一九五一年五月三日の合衆国上院軍事外交委員会で、日本の戦争の背景には石油、錫、ゴム等の原料不足を補う事情があって、「彼らが戦争に飛び込んでいった動機は、大部分が安全保障上の必要に迫られてのことだったのです」という証言を行った。これは決定的な証言で、「つまり、日本は『自衛のための戦争をした』とマッカーサーは証言したのです」という。〉

渡辺氏は、「安全保障上の必要」という箇所をすんなりと「自衛のための戦争」と読み替えている。

まるで「生活が苦しかったから泥棒をした。自己防衛だ。何が悪いのか」という理屈にしか見えない。

なお、渡辺氏は、ＮＨＫはこのマッカーサー証言をテレビ放映し、番組の最後のシーンは「日本は主として自衛戦争のために戦争した」という台詞で終わる構成にせよとまで、注文をつけている。

極端にもいろいろあるが、渡辺昇一氏は極限の人である。

〔参考文献〕

安倍晋三『美しい国へ』文春新書、二〇〇六年
保阪正康『安倍首相の「歴史観」を問う』講談社、二〇一五年
渡辺昇一『中国・韓国人に教えてあげたい本当の近現代史』徳間書店、二〇〇五年
渡辺昇一『反日に勝つ昭和史の常識』ＷＡＣ、二〇〇六年
渡辺昇一『戦後七十年の真実』扶桑社、二〇一九年
渡辺昇一・田母神敏夫『日本は「侵略国家ではない！」』海竜社、二〇〇八年
中西輝政『日本人としてこれだけは知っておきたいこと』ＰＨＰ新書、二〇〇六年
櫻井よしこ『日本の敵』新潮社、二〇一五年
山崎雅弘『日本会議―戦前回帰への情念』集英社新書、二〇一六年
半藤一利・加藤陽子『昭和史裁判』文芸春秋、二〇一一年
豊下楢彦『安保条約の成立―吉田外交と天皇外交』岩波新書、一九九六年

コラム 1

歴史修正主義のテクニック

成瀬龍夫

陰謀史観、相殺史論、遡及主義、ツマミグイ手法

歴史修正主義のテクニックを前もって心得て、免疫力をつけておくことは無駄ではない。ここでは、現代歴史論争の論客で、「昭和史の修正主義史観」の批判者としても有名な秦郁彦氏の所説を検討してみよう。

（注：秦郁彦氏は、「歴史学者の任務は因果関係の解明」「左右の偏向に与せず」をモットーにされ、実証可能な範囲で史実の判断を心掛けているように見える。氏は、①盧溝橋事件、②南京虐殺事件、③細菌戦の731部隊、④慰安婦問題を未解決の四大事件と呼び、実証の可否を基準に私説を展開されてきた。しかし、実証的精緻化にこだわるあまり、木を見て森を見ないところが無きにしもあらずで、極端な修正主義史観には反対するが、歴史修正主義論者にも頼りにされる存在である。）

秦郁彦著『陰謀史観』（新潮新書、二〇一二年）では、陰謀史観とは何かについて、海野弘（『陰謀の世界史』文藝春秋、二〇〇二年）の次のような説を紹介している。

「身のまわりには不思議な出来事が起こる。もしかしたら、それは偶然ではなくて、なにかの陰謀、〈彼ら〉の企みではないだろうか。このような考えを〈陰謀史観＝コンスピラシー・セオ

リー〉という。この、見えない〈彼ら〉は、神であるかもしれず、悪魔であるかもしれない。〈彼ら〉として、ユダヤ人、フリーメーソン、ナチ、共産主義者、さらには宇宙人までもが名指しされてきた。」

秦氏は、これに、「特定の個人ないし組織による秘密謀議で合意された筋書きの通りに歴史は進行したし、進行するだろうと信じる見方」という定義も付け足している。氏は、歴史の世界では、昔から古今を問わず陰謀史観が振りまかれてきた。中にはいったん消えてもまた再生し、今日にまで影響力を維持している代物が少なくないことを、多くの事例をあげて指摘している。

専門的な歴史学者で修正主義史観に加わる人はほとんどいない。専門学者は、学問的論議にならないので、近寄らないといってよいだろう。秦は、歴史修正主義の根底には必ず陰謀史観がからんでおり、「世に陰謀のタネは尽きまじ」の有様だとのべている。

もう一冊同氏の著書『現代史の争点』（文藝春秋、一九九八年）では次のようにいう。

「とくに、戦陣の辛苦から生き残り、晩年に入った往年の兵士たちは、彼らが青春を捧げた戦争に何らかの積極的意義を求めたがっている。その心情に合わせ、さまざまなテクニックを駆使して歴史の弁明を展開する評論家や歴史家が出てくる。

この種のテクニックとしては、すでに紹介した陰謀史観の他に、相殺史論、遡及主義、ツマミグイ手法など色々とある。……

相殺史論とは、日本も侵略したがアメリカもソ連もやった、ゆえに相殺すれば侵略の汚名は消えるという論法である。適当な材料がないと、見つかるまでさかのぼっていけば必ず相殺の史料は発見される。これがいわゆる遡及主義で、終戦直後に石原完爾や林房雄が『ペリーが悪い』と言い出したのは、その典型だが、パロディとしてしか通用しない。

日韓関係に適用すると、豊臣秀吉の出兵以後は適当な材料がないので、十三世紀のモンゴル来襲（高麗軍が参加）まで遡って相殺しても、神功皇后の遠征を持ち出されるとお手上げになる。東京裁判では、この主の遡及主義を持ち込むと混乱するので、一九二八年のパリ不戦条約で線引きしたが、この線引きを修正するのはそう簡単ではない。

ツマミグイとは、その名の通り、ある史観を強調するため、都合の良い史実だけをつなげ、都合の悪い史実をパスするテクニックである。専門家はだまされないが、シロウトはついついひっかかる。

……専門家が見ると、どこでトリックを使ったか一目瞭然だという。」

秦氏は、以上のように陰謀史観、相殺史論、遡及主義、ツマミグイ手法などをあげているが、探せばまだまだあげることができよう。

戦争の被害者意識を煽る情緒操作、あの戦争は日本が外国の植民地にならないための戦争であったとする正当防衛論、兵士を「英霊」としてまつりあげる英雄・美談論、「伝統文化への誇り・アイデンティティ・愛国心」の回復論、そして財閥や軍需産業には触れようとしない戦争受益者隠蔽論、等々。

歴史修正主義の方法への批判者についてはもう一人紹介しておきたい。

歴史作家の保阪正康氏は、沢山の生き証人との面談から昭和史の内実を明らかにすることに努力してきた人であるが、ともすると陰謀史観に巻き込まれることに警鐘を鳴らしている。

「……スパイの話によって史実を改めて構築していくと、いうところの謀略史観に陥ってしまう。ひとたび謀略史観の迷路に入っていくと――これは左翼、右翼を問わずどちらの側の信奉者にも見られることだが――、それは他者を説得することのできない『思い込み史観』になってしまうのである」（『昭和史七つの謎』講談社文庫、二〇〇三年）。

第Ⅱ部　日本近現代史の論点

第三章　歴史修正主義はなぜ「万世一系の天皇」にこだわるのか

成瀬龍夫

一　国民を沈黙させる一語

「万世一系の天皇」という語句は、戦後の大日本帝国憲法の廃止によって国民の耳目を集めることはなくなった。「皇国史観」という言葉とともに死語化したのである。ところが近年、〃日本には万世一系の天皇が存在してきた。それが日本の国体だ〃と叫ぶ人たちが現れている。それらの声をあげる人たちの多くが結集しているのが右翼団体「日本会議」であり、安倍晋三前首相もその先頭に立ってきた。

はじめに断っておきたいが、「万世一系の天皇」と叫んで、衆人を一喝黙らせようとするのは、今に始まったことではない。二・二六事件の青年将校の理論的指導者として軍法会議にかけられ、刑死した北一輝は、自著（『国体論及び純正社会主義』）において「日本国民は万世一系の一語に頭蓋骨を殴打されたごとく白痴《ママ》となる」と喝破したが、戦前はこのように天皇制ナショナリズムを雷鳴のごとく響かせ、国民を沈黙させる一語であった。

皇国史観の復活をのぞむ人たちは、いままた、「万世一系」の一語を叫ぶことによって国民を沈黙させようとするかに見える。しかし、そうはならないだろう。天皇ファミリーに愛着を感じたり敬愛する人たちは少なくないが、「万世一系」を信じ、いまさら日本の歴史を皇国史観をベースにして考え直そうとする人はほとんどいないだろう。

二　「万世一系」の系譜は実証されていない

「万世一系の天皇」について、誰がこの説を言い出したのか、この説は多少とも歴史学的に実証され、正史の扱いにでもなったことがあるのか、そして最後に、なぜこの説が戦後半世紀以上たった今日でも蒸し返されるのか、について考えたい。

まず「誰が」をのべておくと、日本的な思想体系として江戸時代中期に勃興した国学（賀茂真淵、本居宣長、平田篤胤など）が主張したものである。明治維新後、新政府は「修史の詔」を出し、神祇官修史局において国史編纂事業に取り組んで正史化をねらった。しかし、これは挫折した。学術的な正史化を諦めたが、政治的権力的に制度化されたのが大日本帝国憲法だった。

天皇家は神武天皇に始まる「万世一系一二六代」などといわれるが、系図をながめて歴代天皇の実在性、氏素性、即位の経緯、在任中の事績などをチェックするといった作業を、おそらく沢山の歴史家が試みてきたことだろう。しかし、万世一系が実証されたという話は聞いたことがない。そもそも実証しようにも、天皇家の始まりは史実のない神話の時代から始まっているし、「闕史八代《けっしはちだい》」(『古事記』『日本書紀』において系譜は存在するものの、事績が記されない第二代綏靖《すいぜい》天皇から第九代開化《かいか》天皇までのこと)について、『記・紀』の作者が皇統を古くして時間の空白をうめるために実在しない大王と年代を創作したものだということは、第二次大戦後は一般の人々もよく知っている事柄である。

明治後期に帝国議会で浮上した南北朝正閏《せいじゅん》論争(南北朝の天皇のどちらが正統かをめぐる論争)は、天皇支配の安定性をめぐる思想的危機をもたらしたが、今もってすっきりした歴史解釈がない。王朝交代説もいくつか唱えられてきた。水野祐の「三王朝交替説」は有名だし、二〇一九年に亡くなった直木孝次郎は、自らの戦争体験と官製「正史」への疑問から王朝交代説を唱えた。

ただ、わが国の天皇家の系図が、相当に古く、大和朝廷の大王《おおきみ》までさかのぼるらしいことは、多くの歴史学者も認めている。しかし、「万世一系」だったかについては、たとえ神話を史実のように扱ったとしても肯定できない。

三　国学による「皇国」「万世一系」論の登場

「万世一系」説や「皇国」論を唱えたのは、江戸期の国学者であるが、江戸期の国史教育はどうだったのか。

第一に、幕府がリードした標準的な日本史の教科書は存在しなかった。各藩の藩校の子弟教育は、もっぱら儒学、朱子学を中心としていた。幕府公認の学問（正学）は武士社会の秩序第一の朱子学であった。幕府唯一の公認国史といってよいのは水戸藩編纂の『大日本史』であったが、未完成であった。徳川幕藩体制は、一口で言えば「正学あれど正史なし」の状態だったのである。

第二に、日本にも正史はあったではないかといわれよう。それは、「六国史《りっこくし》」と呼ばれる『日本書紀』『続日本紀』『日本後紀』『続日本後紀』『日本文徳天皇実録』『日本三代実録』のことを指しているが、国史教材としての扱いはどうだったか。それらは古代王朝国家であった律令国家が編纂したもので、正史といって間違いではないが、後世からいえばあくまで〝朝廷の正史〟であった。いくら明治国家が王政復古の国家であるといっても、それらは武士階級の支配の歴史やその正統性を語るものではなかったし、近代国家の概念と体裁を表すものではなかった。明治・大正期の内藤湖南や平泉澄といった歴史学者は、「六国史」をせいぜい「官報を整理したもの」とみなしていた。

第三に、清国や西洋の歴史学の影響が感じられるようになってきた江戸中期ごろから、「正しい国史」を求める動きが出てきた。すなわち、賀茂真淵→本居宣長→平田篤胤に代表される国学の流れである。彼ら国学者によって、『古事記』『日本書紀』（以下、『記・紀』）の重要性が認知され、『記・紀』はわが国の歴史研究の中心にあるものという認識が形成されるようになった。

国学の影響は多大であった。「万世一系の天皇」という言葉も「皇国日本」といった概念も国学者が掘り起こし、普及させたものである。明治時代に支配的な歴史イデオロギーとなる皇国史観は、江戸中期から発展した国学の産物であったといってもよい。藤田寛は、次のように指摘する（藤田『幕末から維新へ』岩波新書）。

「江戸時代に始まったわが国の古典を実証的に研究する学問は、『万葉集』や古典文芸だけではなく、『古事記』や『日本書紀』などに対象を広げ、いわゆる田沼時代に国学として発展した。国学者は、仏教や儒教など外来の思想や文化が入ってくる前の日本古来の有り様を明らかにしようとした。賀茂真淵は、儒学や仏教などを外来思想として激しく排斥し、日本固有の古道に帰ることを主張した。真淵は、中国が王朝交代を繰り返したのに、対して、日本は万世一系の天皇が連続していることに価値をおき、中国に対する優越性を説いた。そして、日本をさして『皇国』と表現するようになった」

「真淵の門人本居宣長は『古事記』を三十五年かけて研究し、『古事記伝』を完成した（寛政一〇年一七九八）。それらの研究を通して、中国を排撃し、万世一系に天皇を戴く『皇国日本は世界に冠たる国である』と力説した。……宣長の影響はより大きく、『皇国』『皇朝』の語が広く普及し、それが日本の『国のかたち』として意識されるようになった」

四　明治新政府による修史事業と挫折

明治新政府にとって教育の中央集権化をはかること、小学から大学までの学制を整え、教科書づくりをすすめるなど中央集権的教育体制の整備が必要とされたが、最大の課題はなんといっても国民に「何を教えるか」ということであった。幕末まで、日本人には国といえば藩のことで、「将軍様」の存在は知っていても君主といえば藩主のことであった。それを一挙に「天子様」たる天皇の存在を知らしめ、天皇を軸とする新国家の正統性、日本が「万世一系である天皇の統治」する皇国であることを教えなければならない。明治政府は正史を希求し、自らその創出を志向することになる。維新直後の新政府がとりわけ力を注いだのは、わが国の正史を編纂する事業である。新政府は、一八六九（明治二）年に「修史の詔」を発布した。

「修史ハ萬世不朽ノ大典、祖宗ノ盛挙ナルニ、三代実録以後絶ヘテ続クナキハ、豈大闕典ニ非スヤ。今ヤ鎌倉已降ノ武門専権ノ弊ヲ革除シ、政務ヲ振興セリ。故ニ史局ヲ開キ、祖宗ノ芳躅ヲ継ギ、大ニ文教ヲ天下ニ施サント欲シ、総裁ノ職ニ任ズ。須ク速ニ君臣ノ名分ノ誼ヲ正シ、華夷内外ノ弁ヲ明ニシ内外ノ命ヲ明ニシ、以テ天下ノ綱常ヲ扶植セヨ」

それは、「六国史」を継ぐ正史編纂事業の開始を声明するものであった。編纂の作業機関として太政官修史局を置いた。

ところが、政府の肝いりでスタートした修史事業は、じきに研究者間の方法論上の不一致が露呈した。一方、メンバーであった久米邦武の筆禍事件が発生した。それを機に政府は、国家機関として修史編纂事業に直接手を染めることからは身を引くことになった。そのあたりの事情については、宮地正人『天皇制と歴史学』の「補論　史料編纂所の歴史とその課題」に詳しい。

一八九二年、論文「神道ハ祭天ノ古俗」の筆禍事件により久米が帝大文科大学教授を非職になると、翌一八九三年、井上毅文相は『大日本編年史』編纂事業を中止し、史誌編纂掛を廃止した。これ以降、国家機関による史書編纂は正史の編纂ではなく史料編纂の形で行われることとなり、事件後、帝大に設置された史料編纂掛（一九二九年、史料編纂所に改称）による『大日本史料』の刊行を中心的な事業とした。

明治政府は、かくして正史編纂をもくろんだ修史事業に行き詰まった。たいして準備をせず、方法論の違う研究者をかき集め短期間に成果を得ようとした無理が招いた破綻であったとみなされよう。「皇国」「万世一系」の命題は、このあとも明治国家においてはまったく学問的実証的に究明されることはなかった。久米邦武の筆禍と帝大追放の事件の社会的余波は大きく、実証主義的歴史学は天皇制に関して「近づくのは危険」と急速に沈黙、委縮していった。

五　「万世一系」論の確定と皇国史観の本質

この命題を国家が確定したといってよいのは、一八八九（明治二二）年の欽定憲法、「大日本帝国ハ万世一系ノ天皇之ヲ統治ス」（第一条）であった。帝国憲法というかたちで史書に代わる「正史」を手に入れた明治政府にとって、学問的な正史編纂は、もはやどうでもよい問題となったといえる。

ここで、皇国史観とはどういうものかあらためて見ておこう。

永原慶二は、皇国史観の特徴として以下の諸点を指摘している（永原『皇国史観』）。

第一　「国体」という特殊な価値を体現している国家に対する絶対的優越感ともいうべき思考である。

第二　皇国史観の立場からは、民衆は忠孝一体の論理で、家→国＝天皇に帰属することだけが価値とされ、それ以外のことはまったく顧みられない。百姓一揆や自由民権運動など階級闘争や民衆運動にかかわる問題は完全に無視される。
第三　自国中心主義で、帝国的侵略や他民族支配、戦争などに対しては一貫して肯定賛美している。
第四　近代科学としての歴史学的認識とは異質のものであって、天皇制国家と日本帝国主義とを正当化するためのイデオロギーに他ならない。
永原は、皇国史観の性質を「まことに周到な国家的スケールのもとに創出された、いわば国定の虚偽観念の体系である」とのべている。

六　歴史修正主義はなぜ「万世一系」にこだわるのか

歴史修正主義者はなぜ「万世一系の天皇」にこだわるのか、最後にその理由を考えてみたい。

一つは、海外に日本の存在感をアピールしようとする外向きの論理である。明治維新以降、日本は欧米に対する劣等国コンプレックスを解消するために、海外に発信できる日本文化の伝統や支配者の歴史的正統性を示すイデオロギーを欲し続けてきた。それは日本的ナショナリズムに根差したもので、文化面なら「わび」「さび」や「武士道」「おもてなし」といった伝統、美徳で済むが、政治・社会面となると日本にはこれといって強い思想的発信材料がない。そこで、戦前、そうした役割を果たしていた国体＝「万世一系の天皇統治」説を持ち出すことになる。こうした考え方は、戦前は、珍しくなかった。例えば、新渡戸稲造は、一九二九（昭和四）年貴族院で次のように演説した。

「我国の現今において殆ど西洋各地に比して、是が優るという点が残念ながら唯一あるのみで、（中略）しからばその誇る点は何かというと、唯国体あるのみ」（『帝国議会誌』）。

また、日本の思想界には民主主義・社会主義・無政府主義・共産主義など「西洋近代思想の根底をなす個人主義にもとづくもの」が侵入していると考えられ、それらを克服するためには皇国史観を闡《せん》明《めい》にしなければならないことが強調された（文部省『国体の本義』参照）。

第二は、国内支配の安定を求める内向きの論理である。天皇制を絶対制から象徴制に格下げした戦後の日本社会は、権威的支配の装置が著しく不安定になった、と考える。そのため、かつて、「天皇制が後退した分をアメリカ軍が埋めてくれる」と期待した論者もいたが、これは余りにも情けない。そこで、何としても権威的支配の回復が必要だという訳で、天皇は日本の元首であることを憲法に明記せよ、元号、国歌斉唱と国旗掲揚を義務化せよと叫ぶ人たちが出てくる。たとえ日本社会は、権力的支配者は変わっても、権威的支配は変わらず、「これからもずっと天皇の支配が続く」ということが期待されることになる訳である。

中曽根康弘元首相は、自著『保守の遺言』の中で「天皇が権威として存在し、同時に総理も権力を持つものとして存在するという二重構造が日本をまとまりのある国として存在せしめてきた」とのべている。政治学でいう権威的支配と権力的支配の二重構造論のお手本のような語りである。

ただし、権威的支配は近代国家以前に権力的支配と並んで併存してきたが、近代社会の国家構造は、権威的支配は解体もしくは変容し、権威的支配に頼らずに権力的支配だけで自立するのが普通である。あるいは、国民主権のもとで生まれる憲法の統治の権力性は、同時に統治の権威性を併せ持っているのだとも考えられるだろう。

〔参考文献〕

藤田寛『幕末から維新へ』岩波新書、二〇一五年
直木孝次郎『日本古代史と応神天皇』塙書房、二〇一五年
遠藤慶太『六国史―日本書紀に始まる古代の「正史」』中公新書、二〇一六年
永原慶二『皇国史観』(岩波ブックレット二〇)、岩波書店、一九八三年
宮地正人『天皇制と歴史学―史学史的分析から』本の泉社、二〇一九年
鈴木正幸『皇室制度―明治から戦後まで』岩波新書、一九九三年
文部省『国体の本義』一九三七年
文部省『臣民の道』一九四一年
中曽根康弘『保守の遺言』角川書店、二〇一〇年

コラム 2

天皇制の代替わりと女系・女性天皇問題

山田稔

「平成」から「令和」への代替わりと、新しい天皇の即位に伴う一連の儀式が終わった。マスコミの大げさな取りあげ方や世間の喧騒さもさりながら、何よりも安倍内閣がこれを利用して支持率の上昇をはかろうとしたことが透《す》けて見えた。歴史修正主義の潮流に棹《さお》さすものであり、いくつか問題点を指摘しておきたい。

一　日本国憲法と象徴天皇制

日本国憲法はその第一条で、「天皇は、日本国の象徴であり日本国民統合の象徴であって、この地位は、主権の存する日本国民の総意に基く」と規定している。「象徴」とは、フランス語のsymbolの訳語で、「広辞苑」によれば「具体的なものと抽象的なものを何らかの類似性をもとに関連づける作用」とある。例えば「白色が純潔を、黒色が悲しみを表すなど」と説明している。従って、本来「象徴」とは具体的な「もの」であるべきで、「生身の生きた人間」を象徴とするのは無理があるように思われる。しかし、ここでは「主権の存する日本国民の総意に基く」との規定が重要であろう。なぜなら、それは国民の「総意」に基づくものであり、「総意」が変われば変更がありうるということだからである。

第四条は「天皇は、この憲法の定める国事に関する行為のみを行ひ、国政に関する権能を有しない」と規定している。一般に、法律には例外がありうるので、本来「のみ」などという限定した用語は使用しない。日本国憲法で「のみ」と規定されているのは、この第四条と、第二四条の「婚姻の自由」、第七六条の「司法権の独立」の条文だけである。それだけ、天皇の権能を限定していると言えるだろう。

第七条は「天皇は、内閣の助言と承認により、国民のために、左の国事に関する行為を行ふ」として一〇項目を挙げている。いわゆる「天皇の国事行為」であるが、いずれも形式的・儀礼的な行為である。

しかし、第二条「皇位は、世襲のものであって、国会の議決した皇室典範の定めるところにより、これを継承する」との条文は大きな問題をはらんでいる。なぜなら、日本国憲法と同日に施行された現行の皇室典範は大日本帝国憲法時代のそれと同じく、第一条で「皇位は皇統に属する男系の男子がこれを継承する」と規定しているからである。これが日本国憲法の「両性の平等」と「個人の尊重」の大原則と矛盾することは明白である。もちろん、戦前の皇室典範は憲法と同格であり、帝国議会も関知できなかったのに対して、現在の皇室典範は国会が議決したものであり、その改廃は国会にゆだねられている。

象徴天皇制と憲法との関係について、千田夏光は『教師のための天皇制入門』(汐文社、一九九一年)で、概略次のように問題点を指摘している。

① 日本国憲法で否定された「家」制度が残されている。
② 憲法の「男女同権」の原則に反する。
③ 天皇家に生まれた男子は自動的に天皇にならなければならないのは、憲法第一三条「個人の尊重」に反する。

いずれもうなずける指摘だといえよう。

二　女系・女性天皇問題

今日、二七カ国で王制が残っているが、大半が女性の王位を認めている。男性優先の国もあるが、女性に王位を認めていないのは、日本のほか、ヨルダンとタイだけである。日本でも江戸時代までは女性の天皇が一〇代、八人在位していた（二人は重祚）。かつて小泉内閣時代に女性の天皇を認める方向で皇室典範の改正にむけて有識者会議がもたれた。会議は二〇〇五年一一月、一〇人の委員全員一致で女性天皇・女系天皇を認める報告書を提出した。官僚トップの内閣官房副長官を長く務め、有識者会議のメンバーでもあった古川貞二郎は「小泉政権が続いていたら報告書に沿った皇室典範の改正が行われていただろう」と語っている（「朝日新聞」二〇一九年五月一一日付け）。皇室典範の改正が頓挫したのは秋篠宮に皇子が生まれたからだと言われている。しかし、「男系論者である安倍晋三内閣官房長官（当時）が強く反対したからだ」との説もある（笠原英彦『象徴天皇制と皇位継承』ちくま新書、二〇〇八年）。

二〇一六年八月八日、平成天皇はビデオ・メッセージで高齢を理由に「退位したい」旨表明した。現行の皇室典範は、天皇の生前退位を認めていない。しかし、国民世論は、おおむね「お気持ちを尊重すべきだ」とした。従って、当然、皇室典範を改正すべきであった。ところが、安倍内閣は今回のみの「天皇の退位等に関する皇室典範特例法」の制定という姑息《こそく》な手段をとった。

新しく皇太子となった秋篠宮は高齢になることを理由に即位辞退の意向をもらしている。さらに秋篠宮の長男・悠仁《ひさひと》さんが長じて結婚し、もしも男子が授からなければ、男系・男子にこだわる現行の皇室典範のもとでは、いわゆる「皇統」が途絶えかねない。女性・女系の天皇を認める皇室典範の改正は避けられないだろうと思われる。

三 「一世一元の制」について

新しい天皇が即位したら、元号が変わるのは当然だと多くの国民は思っているようである。しかし、これは決して当然のことではない。一人の天皇の在位中は一つの元号を用いることを「一世一元の制」と言うが、これは明治になって始まった、いわば新しくつくられた制度である。日本古来の伝統では決してない。

一八六八（明治元）年九月八日、天皇の権威を高めるために、一代の天皇の在位中は一つの元号を用いるとの「詔勅」が出された。元号は古代中国、漢の武帝に始まる。皇帝が天・地だけでなく時間をも支配するという皇帝神権説ともいうべき天命思想にもとづくものである。しかし、日本では江戸時代まで、元号は天皇の呼称や在位とはまったく無関係であった。

日本での元号の始まりは「大化の改新」で有名な六四五年に始まる「大化」である。とはいえ「大化」という諡名《おくりな》の天皇は存在しない。その後一時中断して、七〇一年の「大宝」から今日まで、二四〇の元号が使われてきた。従って、平均すれば五年半に一度改元されたことになる（歴代天皇の平均在位年数は約一五年）。干支《えと》の辛酉の年には世の中が変わるという中国古来の「辛酉革命説」があり、たいてい改元が行われた。また、天災地変があれば、俗に言えば「ゲンが悪い」というので、改元した。だが、民衆はむしろ「えと」（十干十二支）の方を多く使っており、元号には無関心だったともいえる。

ところが、明治になって、天皇の権威を高めるために、一代の天皇の間は一つの元号を用いることにしたのである。そして、天皇が亡くなった時には、その元号が諡名となった。明治天皇の在位中が「明治時代」、昭和天皇の在位中が昭和年間ということになる。私たちは、いわば天皇の名前で年を数えているのである。世界では西暦が万国共通であり、今どき、天皇の名前で年を数えている国は世界で日本だけである。

私は基本的には元号を使用しない。

四　平成から令和への代替わり

平成から令和への代替わりに伴う一連の儀式は、決して日本古来の伝統などではなく、明治時代に天皇神格化を意図して始められた形式を踏襲したものである。また、日本国憲法が規定する「国民主権」と「政教分離」の原則に明らかに反していた。いくつか問題点を指摘しておきたい。

①四月三〇日の「退位礼正殿の儀」と五月一日の新天皇即位の礼である「剣璽等承継の儀」・「即位後朝見の儀」は国事行為として行われた。しかし、それは憲法の国民主権と政教分離の原則に反するものであった。「剣璽等承継の儀」は神話に由来する皇位のあかしとされる「三種の神器」のうちの剣《つるぎ》・勾玉《まがたま》と御璽《ぎょじ》（天皇印）を引き継ぐ儀式＝皇室の行事であって、「国事行為」ではない。また、これに女性皇族が参列できなかったのは明白な女性差別である。

②「即位後朝見の儀」は新天皇が初めて三権の長など国民の代表者と公式に会う儀式である。しかし、「朝見」とは「臣下が参内《さんだい》して天子に拝謁すること」（広辞苑）だ。「天皇主権」の明治憲法下の儀式の踏襲であり、日本国憲法とは相容れない。

③一〇月二二日には「即位礼正殿の儀」が行われ、今年に限って祝日となった。天皇が「高御《たかみ》座《くら》」に立って即位を宣言、安倍首相が低い所から寿詞《よごと》を述べて万歳を三唱、参列者がそれに唱和した。「高御座」とは、天孫降臨神話にある「天津《あまつ》日嗣《ひつぎ》の高御座」（ニニギノミコトが天照大神の神霊を受け継ぎ、天下を統治するべく座した）である。まさに大日本帝国憲法の「神権天皇」（現人神）思想に基づくもので、国民主権の日本国憲法とは絶対に相容れない。戦前の「紀元節の歌」に「天津日嗣の高御座、千代よろづ代に動きなき、基い定めしそのかみを、仰ぐけふこそたのしけれ」とあったことを忘れてはならない。

④さらに問題なのは一一月一四日に実施された「大嘗祭《だいじょうさい》」である。これは、新天皇が初めてその年の新穀を天照大神や天神地祇に供え、自らも食するという秘儀（神事）である。従って、誰も見ることはできない。そのために新たな神殿（大嘗宮）を建て、式が終わると取り壊した。

安倍内閣もさすがにこれは「国事行為」とはしなかった。しかし、二十数億円の国費を充てた。この件については、秋篠宮が「身の丈にあった儀式にすべきだ」として、皇居内の既設の施設を使い、皇室の私的予算である「内廷費」を充てるべきだと、当然と思える発言をした。しかし、安倍内閣は聞く耳をもたなかった。

おわりに

「戦後レジュームからの脱却」を叫び、「平和憲法壊し」に執念を燃やしてきた安倍首相（当時）は、できれば「直系・長系・男系」の皇統を守り抜きたいと思ってきたようである。しかし、ジェンダー平等が世界の趨勢となり、また「両性の平等」との日本国憲法の大原則のもとで、女性天皇・女系天皇を排除し続けることは、現実問題としても困難であろう。皇室典範の改正は、早晩、避けられないと思われる。

今日、大半の国民は「象徴天皇制」を支持しているようである。しかし、天皇制が政治的に利用されるおそれが全くないと断言することはできない。「現代天皇制が国民の心の支配という目に見えない分野で果たしてきた役割の大きさ」を指摘する見解もある（佐々木隆爾『現代天皇制の起源と機能』昭和史叢書、昭和出版、一九九一年）。

この機会に、天皇制の歴史をふりかえり、「象徴天皇制」のあり方についても、私たち国民一人ひとりがよく考えることが求められている。

〔参考文献〕

千田夏光『教師のための天皇制入門』汐文社、一九九一年
佐々木隆爾『現代天皇制の起源と機能』昭和出版、一九九一年
歴史学研究会編『いま天皇制を考える』青木書店、一九九七年
島田裕巳『天皇と憲法―皇室典範をどう変えるか』朝日新聞出版、二〇一六年
内田樹『街場の天皇論』東洋経済新報社、二〇一七年
吉田傑俊『象徴天皇制考―その現在・成立・将来』本の泉社、二〇一八年
保阪正康『新・天皇論』毎日新聞出版、二〇一九年
中島三千男『天皇の「代替わり儀式」と憲法』日本機関紙出版センター、二〇一九年
田中利幸『検証「戦後民主主義」―わたしたちはなぜ戦争責任問題を解決できないのか』三一書房、二〇一九年

（初出：『天皇制の歴史をふり返る―「平成」から「令和」への代替わりにかかわって』二〇一九年一〇月、「滋賀文化懇話会」例会での話題提供資料。本書への収録に際して、相当部分を削除した。）

第四章　日本の戦争責任はいかに語られてきたか

成瀬龍夫

一　敗北の承認と「自虐史観」のレッテル

戦争の敗北を認めることは、単なる戦争の勝ち負けにはとどまらない。それは、戦争責任をかぶることを意味する。いい方を変えれば、日本を侵略者と断定した極東国際軍事裁判（略称「東京裁判」）を正当なものとして認めることであり、「無責」の昭和天皇の責任を荒立てることであり、ひいては天皇制の国体と大日本帝国憲法に対する否定を喚起することにつながる。また、韓国や中国、アジアの人々に対して永久に謝罪しなければならない宿業を背負い込むこととなる。歴史修正主義の人たちは、この我慢ならない敗北の承認を「自虐史観」と呼んでいる。

「自虐史観」（「東京裁判史観」「日本悪玉史観」なども同義）という言葉でもって戦後日本の歴史認識を覆そうとする動きが目につくようになってきたのは一九八〇年代からである。歴史教科書の検定や採用に圧力をかけようとする動きが中心になってきたが、近年では政治的な運動にもなり、二〇一四年一月の自由民主党の運動方針では「自虐史観に陥ることなく日本の歴史と伝統文化に誇りを持てるよう、教科書の編集・検定・採択で必要措置を講ずる」と明記された。

この「自虐史観」とは、いかなるものか。「新しい歴史教科書をつくる会」の創設者メンバーである藤岡信勝氏の著書『「自虐史観」の病理』(文芸春秋、一九九七年。なお、意図はわからないが、同書は、An Analysis of Masochistic Historical Views in Japan という英語の題名もつけている)をちょっとのぞいてみよう。藤岡氏はいう。

「自国民を人類史に例のない残虐非道な人間集団に仕立て上げ、自国史を悪魔の所業の連続のように描き出す、自国にムチ打ち、呪い、ののしり、糾弾する。こういう歴史の見方、精神的態度を『自虐史観』と呼ぶことにする。『自虐史観』は、戦後の日本の社会、とりわけマスコミと教育界にとりついた病気である。宿痾である。増殖するがん細胞である。この病気をとり除かなければ、日本は健全な国家に生まれ変わることができない」

筆者(成瀬)は、「自虐史観」批判はもっと落ち着いた学問的論議かと思ったが、これはまた凄まじいサデスティック(残酷)性をむき出しにした罵倒である。同書の最後に、「新しい歴史教科書をつくる会」の呼びかけ文が載っている。その一部も紹介しておこう。

「……戦後の歴史教育は、日本の受けつぐべき文化と伝統を忘れ、日本人の誇りを失わせるものでした。特に近現代史において、日本人は子々孫々まで謝罪し続けることを運命づけられた存在の如くあつかわれています。冷戦終結後は、この自虐的傾向がさらに強まり、現行の歴史教科書は旧敵国のプロパガンダをそのまま事実として記述するまでになっています。世界にこのような歴史教育を行っている国はありません」

「自虐史観」を克服するために展開される歴史の見直しは、個々の史実の評価（とくに南京虐殺、東京裁判、従軍慰安婦問題などを俎上に載せる）を突破口にして、国体論といった歴史の枠組みへの認識にまでおよぶ。まさに、日本の近現代史に対する修正史観の全面的な展開といってよいだろう。

以下では、まず第一に、修正論者が日本人を自虐史観に陥らせた元凶だという東京裁判について、それはどういう裁判であったかを検討する。

もう一つは、敗北の肯定は、冒頭に述べたように、「戦争責任をかぶる」ことであるが、日本は戦後社会の流れの中で戦争責任をどう議論して来たのかを検討してみたい。

二　東京裁判の裁判基準の争点と裁判の問題点

（一）裁判基準をめぐる争点

東京裁判の詳しい経緯には立ち入らず、ここでは、裁判でもっとも注目される争点を取り上げたい。

東京裁判で争点となったのは、裁判が新しい判断基準を導入したことをめぐって、それは罪刑法定主義（ある行為を犯罪として処罰するためには、立法府が制定する法令において、犯罪とされる行為の内容、及びそれに対して科される刑罰を予め、明確に規定しておかなければならないとする原則。Wikipedia）に反するのではないか、という点であった。

それに対する横田喜三郎の説（出典は横田『戦争犯罪論』一九四七年）はきわめて大胆であった。長くなるが紹介する。彼は、東京裁判の翻訳官を務め、のちに最高裁長官も務めた人物である。

「第一に、罪刑法定主義の歴史的意義（罪刑法定主義はフランス革命時の人権宣言「被告の権利」に由来）から見て、これをぜひとも国際裁判において適用し、維持しなくてはならないという実質的な理由が少ない。この主義は歴史的に専制君主政のもとにおける恣意的な裁判に対する反動として起り、これに対して人権を保障するという意義を有したのであるが、国際裁判ではかような恣意的の裁判が行われていないからである。

第二に、仮にこの主義をぜひとも国際裁判に適用すべきだとしても、戦争責任者の処罰は全面的にそれに反するのではなく、単に部分的に反するにすぎない。この主義は罪と罰とがともに前もって法によって定められていることを要するとするが、戦争責任者の処罰においては、罪は前もって定められている。単に罰が定められていないのみである。

第三に、罰が定められていないということも、国際法の現在の状態では、必ずしもことさらに非難すべきことではない。現在の国際法では、その違反に対して具体的に制裁が定められることはきわめて稀で、かような定めのないのが普通である。かように見てくれば、戦争責任者を戦争犯罪人として処罰することは、形式的には罪刑法定主義に反するように見えても、実質的には必ずしもそうでないことになる。かえって、仮に形式上でいくらかこの主義に反するところがあっても、実質的にはそれを押し切って処罰を行うべき強い理由がある。それによってはじめて、今度の戦争の世界史的な意義を活かし、比類のない惨害の代償として、新しい世界秩序を建設すべき地盤が確保されるのである。」

「日本の主要戦争犯罪人が東京裁判で裁かれたのは、平和に対する罪、つまり侵略戦争を行なった罪についてである。この平和に対する罪は、従来の戦争犯罪にはないものである……新しく戦争犯罪とされたものは非常に重要なものである。分けても、平和に対する罪は、きわめて重要である。今までの戦争犯罪とは、到底比較にならない。けだし、今までの戦争犯罪は、戦争を行うに当って、単に個々の法規や慣行に違反したものにほかならない。そのうちには、相当に重大なものもあろうが、それにしても、長い戦争の間における一つの事件一つの現象にすぎない。ところが、平和に対する罪は、これらの事件や現象のすべてを含む戦争そのものを、これを引き起し、実行したことそのことを、全体として犯罪とするものである。その重大なことは、戦争に関する個々の法規や慣例の違反とは、到底比較にならない。そうしてみると、今度の戦争では戦争犯罪が非常に拡張され、深刻化されたことになる。単に範囲において著しく拡張されたばかりでなく、重大性においても非常に深刻化されたのである。これを全体として見れば、全く根本的な変化であり、ほとんど革命的なそれとも言うべきであろう。」

(二) アジア不在の裁判

横田喜三郎は、東京裁判での新しい裁判基準に、上述のごとく「全く根本的な変化であり、ほとんど革命的なそれとも言うべきであろう」と最大限の評価を与えた。

しかし、そうした評価があるものの、東京国際軍事裁判は裁判の体制や形式から見て決して申し分なかったわけではない。それどころか、弱点や問題点も多く指摘されてきた。判事団の人数が多く、しかも各判事の踏まえる法体系がまちまちで、分裂傾向にあったこと、アメリカ占領軍の意向が非常に強かったこと、出席の悪い判事（パール判事）もいたこと、量刑が単純多数決でなされ僅差の例があったこと、天皇を回避する方針のために日本の国策解明が深まらなかったこと、米ソ冷戦の影響で継続裁判が実施されなかったこと、等々。ニュルンベルク裁判と比べて、粗雑とまではいわないまでも、相当まとまりに欠ける裁判であった印象は否めない。

歴史家として茨城大学教授および日本の戦争責任資料センター共同代表などを務め、帝国主義や第二次世界大戦、戦争責任などを研究した荒井信一氏は、『戦争責任論』（一九九五年）において、次のような東京裁判の問題点をあげている。

第一に、アジア不在の問題。裁判に参加したのは、対日占領の管理機関である極東委員会参加の一一カ国で、アジアの国は中華民国、フィリピン、インドの三カ国にすぎなかった。「植民地宗主国によって代表された法廷は、アジアの現地民衆に加えられた被害を正面から取り上げて裁く場にならなかった。」

第二に、「人道に対する罪」が追求されなかった。ニュルンベルク裁判では、ナチスのユダヤ人絶滅政策との関連で「人道に対する罪」が重視され、有罪判決の訴因の多くに含まれたが、東京裁判では有罪判決二五人の被告のうちで、この訴因により有罪判決を受けた者は一人もいなかった。

第三に、裁判の早期打ち切り。ニュルンベルク裁判は本裁判結審後も継続裁判が行われたが、東京裁判は本裁判だけで終わりにされ、A級戦犯の容疑者が釈放された。それらの人たちが講和条約後すぐに政界に復帰し、保守政界のトップに返り咲いた。このように「東京裁判の途中打ち切りは、戦後日本の指導層の間に強固な帝国意識を残存させる結果を招いた」。

荒井氏は、こうした東京裁判の問題点は、「日本に対する連合国の戦後処理策を貫いたアジア不在の特徴」を背景とするものだとし、とくに「人道に対する罪」が問われなかった結果、中国での毒ガス使用、七三一部隊による捕虜への人体実験、南京虐殺事件、朝鮮・中国などからの大量の徴用工の強制連行、従軍慰安婦の問題などが裁判で取り上げられず、「今日戦後補償問題として解決を迫られているほとんどすべての問題に大きく影響している」と指摘している。

もう一人の評価を紹介しよう。日本近現代史に詳しい吉田裕氏は、東京裁判の意義について、第一にその後の国際法・国際人道法の発展に東京裁判の判決が寄与した、第二に戦争犯罪の非常に生々しい実態を明らかにした、第三に、違法な国家命令の不服従という考え方が打ち出された、ことなどを指摘している。また、限界については、第一に、アメリカ主導でアメリカの国益が優先されていた、継続裁判が放棄されたことに顕著なように冷戦の影響が大きかった、第二に「日米合作」の政治裁判であったこと、日米が協力し合いながら、「すべての責任を軍部、とくに陸軍に押し付け、そして天皇を免責する」という側面があった点などを指摘する

吉田氏はまた、歴史修正主義は大きな限界をもつとする。修正論者の多くが「日米同盟機軸論の立場にあるために、アメリカ主導の東京裁判を否定しきれない」『東京裁判史観』の克服論は、結局は東京裁判を主導したアメリカ批判に帰結し、それは日米安保体制の基盤をゆるがすことになりかねない」と批判している。

歴史修正主義の人たちには、東京裁判へのきちんとした分析・評価がほとんどない。あるとすれば、新しい裁判基準は罪刑法定主義に違反する事後法だ、よって戦犯は全員無罪、裁判は全部無効という

ことの一点張りである。

三　戦後日本の戦争責任論の軌跡

戦後、日本人の戦争責任をめぐる考え方は、「二度と戦争はしてはならない」「中国や朝鮮には迷惑をかけた」といった意識をベースにしつつも、時代環境の影響を受けて多様な変動を示してきた。「戦争責任」なる語は、非常に包括的な意味をもっており、簡単に定義することは難しい。この用語は第一次世界大戦とその後の国際関係のなかで浮上し、激しい対立点となった。議論は法的・政治的責任論と内面的・倫理的責任論に大きく区分されるが、戦争の勝者か敗者か、その立場や時代環境によって認識と評価が変動する。

第二次世界大戦の終戦を敗者として迎えた日本人の場合はどうであったか。

近現代史家で立命館大学名誉教授の赤澤史朗氏は、戦後日本の戦争責任論の動向を通観して、次のように四期に分けている。

第一期　戦争責任論の沸騰と退潮（一九四五～一九五四年）
第二期　主体的戦争責任論の提起（一九五五～一九六四年）
第三期　天皇と国民の戦争責任と「戦後責任」（一九六五～一九八八年）
第四期　外からの衝撃と「戦後補償」論（一九八八年～）

第一期は日本人が初めて「戦争責任」という言葉に接したときであるが、戦争責任の追及の主体は占領軍・連合国側にあった。

『戦争責任』という言葉に、日本人の多くは敗戦によって事実上初めて接したと言ってよい。戦争や植民地の獲得は国家がおこなう当然の業であるという一九世紀的な戦争観を、敗戦までの多くの日本国民は抱いていたからであり、それがいかなる種類の戦争であれ、戦争をすることの責任を問われるということ自体が予想外であったからである。とはいえ『戦争責任』の用語は、急速に日本人の間に広まっていく。それは一方で連合国側から、東京裁判・BC級戦犯裁判・公職追放の実施という形で、法的・政治的・行政的に日本人の戦争責任を問う動きが急速に進行していったからであり、他方で国内でも大衆運動によって、戦時中の不正や人権無視の行為、戦争協力の発言が暴露され、政治的・思想的にその責任の追及がおこなわれたからである。とはいえこの時代の戦争責任追及の主体は、何よりも外からの力である占領軍・連合国の側にあった。そしてその占領軍の戦争責任追及に対する日本人の批判は、検閲によって禁止されていたのである。その意味で日本人による責任追及の動きは、全体としてみれば占領軍に対する共鳴板という面を持っていたといえる。」

赤澤氏によれば、この時点での「戦争責任」の用語は、二つの異なる意味で用いられていた。一つは、「連合国によって外から追及される戦争犯罪行為の意味」であり、「日本国民は加害者の一人として、その責任を一方的に裁かれるかも知れない立場」に立っていた。もう一つは、「日本国民に被害を与えた国家や国家指導者の責任の意味」であり、国民は、「戦時中の抑圧や欺瞞に対する被害者としての立場から責任を追及する地点」に立っていた。

第二期は、サンフランシスコ講和条約で日本が独立し、日本人として主体的に戦争責任の自覚を深めようとする機会が訪れた時期である。研究教育分野だけでなく、文化・文芸のさまざまなジャンルで自覚が広がった時期である。とくに中国侵略と日本軍の残虐な行為が記録や小説などで暴露されることなどを通して、国民の間に自分たちも免れない重大な戦争責任があるのではないかという認識が広がり、また国民の戦争体験と戦争責任論の交錯がみられるようになった。

第三期は、一九八二年の歴史教科書問題の発生、宗教団体、教育団体、マスメディアによる自らの戦争責任問題の取り上げ、日本軍の南京事件やアメリカの原爆投下などの戦争犯罪についての史料にもとづく実証などが取り組まれた。また、一九六五年の日韓条約の締結、ベトナム戦争の拡大などとともに、日本の植民地支配や戦争犯罪の実態への関心が高まることになった。

「侵略」を「進出」に書き換えた歴史教科書問題は韓国、中国などから激しい抗議と批判を浴びたが、背景として一九六五年から続いてきた「家永教科書裁判」があった。教科書問題、中曽根首相の靖国神社への公式参拝問題などは、日本の戦争責任に対する海外諸国の認識と批判を高めた。

第四期は、日本の戦争責任問題が国際化した時期である。一つは海外からの戦争被害者の声が日本国内に伝わり、各国の国連NGOの動きと絡んで国際連帯が作り出され国際的な戦争責任追及の論理が導入されるようになった。他方で、中国・韓国ではその国のナショナリズムと日本に対する責任追及が一体化する傾向が見られるようになる。また、この時期には、「戦争犯罪を人権侵害問題として理解」する傾向が浮上する。「従軍慰安婦」問題がそうした面をもち、ＢＣ級戦犯裁判がそうである。さらにまた、戦争被害者の個人補償を要求する「戦後補償」という言葉も多く用いられるようになった。」

Q「第二次世界大戦における日本の戦争責任」	
誰に責任があるとはいえない	34.7%
当時の政府や軍部に責任がある	57.4%
戦後生まれの世代には責任はない	3.7%
全ての日本国民に責任	4.2%
Q「第二次大戦はアジア諸国に対する侵略か」	
そう思う	55.7%
そう思わない	10.8%
どちらともいえない	33.5%
Q「日本はアジア諸国に明確な謝罪をすべきか」	
そう思う	48.9%
そう思わない	14.9%
どちらともいえない	36.0%
すでに謝罪した	0.2%

四　内閣府の世論調査（二〇〇九年）に見る戦争責任意識

日本人の戦争観や平和意識に関する公的な世論調査はあまり多くないが、ある程度まとまったものとして内閣府が二〇〇九年に行った『自衛隊・防衛問題に関する世論調査』がある。戦争責任問題に限定して調査結果を見ると、表のような回答状況が明らかになっている。

以上は、男女差、年齢差、学歴差ではバラツキがあるが、全体の傾向を見ることはできる。第二次世界大戦について、政府・軍部の責任とする意見が多く、侵略だったとする認識も強い。これを見ると、必ずしも被害者意識が強く加害者意識が薄いとはいえないように思われる。謝罪問題では明確に謝罪すべきとする意見が多く、すでに謝罪したという意見が僅少であることが注目される。

五　歴史の教訓の共有こそ未来志向の礎

安倍晋三前首相は、戦後七〇年談話において次のようにのべている。

「日本では、戦後生まれの世代が、今や、人口の八割を超えています。あの戦争には何ら関わりのない、私たちの子や孫、そしてその先の世代の子どもたちに、謝罪を続ける宿命を背負わせてはなりません。しかし、それでもなお、私たち日本人は、世代を超えて、過去の歴史に真正面から向き合わなければなりません。謙虚な気持ちで、過去を受け継ぎ、未来へと引き渡す責任があります。」

戦後世代のわれわれは、過去の戦争について日本に責任があったという史実を認めても、もはや具体的な責任は及ばないという考えに同調する人も少なくないだろう。確かに戦後世代に過去の戦争に対する同時代的な直接責任はない。しかし、謝らなくてもよいかといえば、そうはならない。われわれが忘れようとしても、侵略された相手国の人たちは悲惨さを忘れないだろうし、戦時賠償の処理や国際法にのっとった正常な平和関係の回復がきちんとなされない限り、現在の世代も将来の世代も責任を逃れることはできない。

日本と朝鮮半島の関係について、日本政府は一九六五年の日韓基本条約と請求権協定の締結で日韓関係の処理問題は解決したといい続けているが、元徴用工問題など未解決の問題を抱えている。朝鮮民主主義人民共和国とのあいだでは何一つ敗戦処理に手が付けられていない。近年、耳目を集めた例としてポーランドの場合がある。二〇一九年八月、ポーランド議会は、ナチス占領の六年間に被った経済被害を八五〇〇億ドル（九〇兆円）と試算し、ポーランド政府がドイツに補償を求める動きが報じられた。

ドイツの元大統領リヒャルト・フォン・ワイツゼッカーがドイツ降伏四〇周年にあたって行った有名な演説「過去に目を閉ざす者は、現在に対してもやはり盲目となる」という一節をぜひ想い起こしたい。過去の歴史は、現在のみならず未来においても共有されなければならない。とりわけ他国民や自国民に多大な犠牲や苦難を与えた戦争や占領地支配、植民地支配については、過去の歴史の教訓を正しく現在と未来に生かすという意味において戦後世代や次世代にも伝えていかなければならないと考えるべきであろう。

近年「未来志向」という言葉がしきりに用いられる。最も大切なことは歴史の教訓を学び、それを関係国間で共有すること、それこそが未来志向の礎である。

〔**参考文献**〕

藤岡信勝『「自虐史観」の病理』文芸春秋、一九九七年
横田喜三郎『戦争犯罪論』一九四七年
荒井信一『戦争責任論』岩波書店、一九九五年
吉田裕『日本人の歴史認識と東京裁判』岩波ブックレットNo.一〇〇七、二〇一九年
赤澤史朗「戦後日本の戦争責任論の動向」『立命館法学』二七四号、二〇〇〇年

コラム 3

『天皇の戦争責任・再考』（洋泉社新書）を読む

成瀬龍夫

天皇の戦争責任については、自分とは無関係のように思っている人が少なくないが、日本人である限り避けては通れない問題である。

戦後、一時マスコミなどで議論が「封印」される時期もあったが、現在では誰もがこの問題について自由に考え語ることができる。天皇「無責」論者が必ずしも歴史修正主義者とはいえないし、天皇「有責」論者でもなかには歴史修正主義者といってよい人もいるかもしれない。そういう意味で、この問題による勝手なレッテル貼りは避けなければならないが、現在の日本でどのような見解が交錯しているのか、その一部でもかいま見ておくのも悪くない。

数多ある本のなかから洋泉社新書『天皇の戦争責任・再考』（二〇〇三年）を取り出して覗いてみることにする（同書には、七氏の論文が収録されているが、古谷・吉田両氏の内容は本稿のテーマと関係が薄いと思われるので対象外とする。以下は敬称略）。

■小浜逸郎「『天皇の戦争責任』論議を始末しよう」

小浜は、前提としての歴史認識を共有しないと、そもそも昭和天皇の責任の如何を問うという議論の枠組みが成立しなくなるとし、自らの歴史認識を示している。それによれば、アジア太平洋戦争は大日本帝国が犯した大きな過誤である。ただし、明治憲法における天皇の位置づけと戦争責任をめぐって論議がなされると、天皇に実質的権限があったかなかったかによって有責・無責真っ二つに分かれてしまう。さらには、戦前の大衆の心情がかみあわないという問題がある。つまり「法的な議論形式は感情の声に対応できない」と大衆を免罪してしまう。他方、天皇の関与について天皇側近や侍従長などの談話、日記を集め「事実はどうであったか」という実証的方法にも疑問を呈する。「事実をきちんと精算するために必要なのは、史実の精緻化ではなく、歴史への態度を固めることではないか」という。天皇には「責任があると考えたほうがよい」が、国民もまた新憲法下の主権者であり天皇に政治的責任はあったと認めてこそ主権者の責任が果たされる。その上で、この論議をもはや「正しく葬るべき」だとする。

小浜の立論はおおむね理解できる。とくに日本が侵略国家であったという歴史認識を前提に天皇の責任を論じるべきだというアプローチには賛成できる。また、史実の精緻化よりも、歴史への態度を固めること、そのために日本国民が主権者として認識を明確にすべきという点についてはは説得力をもつ。しかしながら、史実の精緻化の重要性についてはもっと評価すべきであろう。歴史認識は史実の認識の積み重ねによるものであり、史実を正しく精緻化することは、必ずしも容易ではないが、一般に有益である。史実が無視されたり、誤解されたり、隠蔽されたりすれば、今日のような歴史修正主義のひろがりを招くおそれがあるからである。

■池田清彦「昭和天皇の戦争責任と国民の戦争責任」

池田は、「戦争責任とはあいまいな概念」であるとし、東京裁判で採用された「人道に対する罪」「平和に対する罪」「戦争の法規または慣例に対する違反」は、戦勝国が敗戦国の開戦責任を裁くために押しつけた「戦争責任を負わせる恣意的な基準」であったとする。戦争を裁可した昭和天皇には形式的にも実質的にも戦争責任があるが、それは自国民に対する敗戦責任としてである。ただし、明治憲法は、日本の敗戦責任を問う仕組みをもっておらず、明治憲法からそれを問う議論は成立しようがない。池田は、天皇は免責され退位もしなかったが、それが今日までの日本に及ぼした影響について「責任をとるべき人間が責任をとらないことが現在の無責任体制の元凶である」とする。国民は、天皇に責任なしのまま敗戦国としての義務を負わされたが、「一億総懺悔《ざんげ》」などという指導者免罪のインチキな話にいつまでも惑わされることなく、開戦責任も敗戦責任も責任はないことを知るべきとしている。

池田は、東京裁判を戦勝国の恣意的な基準によるものとして一蹴し、国内で問題となるのは敗戦責任であり、国家の最高統治者が敗戦責任を負うべきで国民にそれはないという見地から天皇有責論を展開しているが、これは裏を返していうと、戦争が侵略か否かを問うことは無意味で、勝てば責任問題は発生しないということになりはしないであろうか。納得できるのは、「責任をとるべき人間が責任をとらないことが現在の無責任体制の元凶」というところと、指導者免罪の「一億総懺悔」はインチキな話という二つの点である。

■井崎正敏「天皇に戦争責任はある、しかし」

井崎は、戦争当事者の世代が日本の戦争責任に決着をつけないままなので、戦後の世代が戦争責任を問う義務をしょっており、天皇の戦争責任問題もその一環だという。天皇の責任についでは、天皇は「統治権の総覧者」であり「大元帥」であり、多くの作戦に介入し天皇の名において戦争が続けられ敗戦に追い込まれた。天皇には形式的にも実質的にも固有の戦争責任があるはずだとする。ただその「責任」のカテゴリーは、自由な理性的存在者に課せられるものではなく、天皇という自らの選択によらざる憲法上の地位による固有の責任と考える。天皇が退位しなかったことについては、退位を望みながら踏み切れなかった天皇とともに、退位させなかった占領軍と日本国政府、さらには国民にも責任があるとする。

井崎は、「天皇の戦争責任の根源には、統帥権を天皇のもとに独立させた明治憲法体制があった。その憲法が改正され、天皇から政治と軍事の一切の権限が剥奪されたことで、制度面における天皇の戦争責任は果たされたと言っていい。九条がダメ押しであり、安保はその保険であった」と書いている。

井崎の主張は、おおむね理解できる。とくに戦後の憲法九条による戦争放棄と日米安保がセットになるかたちで天皇の戦争責任は贖《あがな》われたという認識は、それなりに正鵠を射ていると思われる。

▓橋爪大三郎「戦争責任とは何なのか」

橋爪は、戦争責任を考える場合、まず戦争観が第一次世界大戦後に大きく変化したことを指摘する。日本の戦争犯罪を裁いた東京裁判の枠組みは古典的な戦争観に基づくものではなく、国際連盟以来の新しい戦争観に基づくもので、「戦争を不法行為と見なし、先に戦争を始めた側の開戦責任を問う」ものであった。裁判で、日本には開戦責任があり、その意図は侵略にありとされた。日本の指導者は、最後まで旧の戦争観のままに戦争を続けた。橋爪は、こうした戦争は「大日本帝国という国家が行った行為」であるが、帝国国家が解体された戦後は、責任を引き受ける主体は国民となり、戦後国民は平和条約の締結、賠償を行い、この限りで「戦争責任は、ほぼ完了している」という。しかし、歴史を主体的に共有する努力が不足しているので、自国への誇りやアイデンティティが弱く、戦争で被害を受けた周辺国からの批判にも適切な対応ができていないという。この主体性をどう作りだすかという課題を強調する。

橋爪が、戦争観の変化に触れ、日本帝国の指導者が旧の戦争観のままに戦争を行ったことを指摘しているのはもっともである。ただし、旧の戦争観にこだわった戦後の国家指導者が歴史の再評価、「過去の歴史認識の修正」を求めてきたことには立ち入らず、問題を国民の主体性の不足にすり替えているのは納得されるものではない。橋爪は、この主体性発揮の動きとして「新しい歴史教科書をつくる会」の出版活動を歓迎しているが、これこそ旧戦争観の復活を許す歴史修正主義ではないかと疑問をもたざるをえない。

■八木秀次「法律的・政治的責任は不問、道徳的責任を誰よりも感じていたのは昭和天皇だった」

八木は、天皇の責任について、「明治憲法では天皇の法律的、政治的責任は問われない」として、あっさり決着済みにしている。法律的政治的責任を除けば残るのは道徳的責任である。これは天皇個人の問題で外から追求するものではないが、この道徳的責任を誰よりも感じ、果たそうとしてきたのは他ならぬ天皇であったという。その例とでもいうのか、八木は、天皇がただ一つ明治憲法に違反した事例として終戦時の「ご聖断」を取り上げる。「終戦時の『ご聖断』は『民の父母』としての自覚」であった。「民の父母」とは、明治憲法以前から存在する伝統的な天皇観で、国家の危機に際しては国民が御願いとして申し出て天皇が裁可することは前例のある許される行為だという。ご聖断によって「わが国は大東亜戦争を終結させることができたのであり、国家存亡の危機を辛うじて回避できた」という。

八木は、明治憲法上、法的政治的責任はないとする。しかし、むしろ、「統治権と統帥権」の総覧者で能動的に開戦や戦争継続の意志決定に関わった天皇の責任を明治憲法上からも問うことができ、補弼《ほひつ》の「誤り」に責任を転嫁できないとする法学者や歴史学者の見解は多い。「ご聖断」についても、ポツダム宣言の受諾による戦争終結は、むしろ天皇の逡巡によって遅れ、原爆投下を許してしまったという見方が強い。

昭和天皇が道徳的責任感に厚かったという見方もあまり支持されないだろう。「民の父母」などというが、人民に支配者を恩着せがましくみせるときの常套句である。本当の父母なら、我が子の戦場での無謀な死を望むはずがないが、天皇の名で出された「死は鴻毛《こうもう》より軽しと心得よ」

という軍人勅諭、また天皇の名ではないが、東条英機が「生きて虜囚《りょしゅう》の辱《はずかし》めを受けず」と訓示して、兵士が捕虜になることも許さず、玉砕や特攻、自決、餓死に追いやった戦陣訓が思い出されよう。

第五章　戦争責任とどう向きあうか
―ドイツ・イタリアとの国際比較―

近藤　學

はじめに

戦争における加害責任の問題について考えてみたい。まず、戦争の当事者とその後継者の場合を区別すべきであろう。戦争の当事者の場合、法的責任と非法的責任（ここではさしあたり道義的責任という言葉を使うことにする）を分けることができる。すなわち、当時の国際法や一般の刑法や慣習法に照らして罪責の有無や妥当性がまず問われるべきであろう。具体的には、第一次世界大戦後のドイツ皇帝ウィルヘルム二世や極東国際軍事裁判のように裁判によって戦争の指導者の責任が明らかにされ、問われるべきである。さらに、当時の国際法や国内法に照らして責任がない、という場合でも、ニュルンベルク裁判のように、五〇〇〇万人以上の死者という前例のない大惨事を引き起こした事案に対しては「元首無答責」を超えて、また新たな罪名である「平和に対する罪」「人道に対する罪」を設定し、裁くことも許容されるべきである。

次に、戦争の指導者以外にもその責任の大小あるいは濃淡がある。例えば、上官の命令により加害行為を行った兵隊、上官の命令を逸脱して加害行為を行った兵隊、戦争に協力した一般人、戦争に反対した一般人……など。これらを一括して戦争の（加害の）当事者と呼ぶことは適切ではないし、法的に責任を負わせることは（罪を客観的に立証することも含めて）もともと限界があるだろう。たまたま被害者が生き残っており、証言を得ることが出来た場合以外には裁判すら行えず、罪責はうやむやになる可能性（あるいは裁判の公平性を担保できない可能性）が高いからである。

次に、戦争当事者の責任として国家による賠償責任と個人補償が考慮されなければならない。

以上、戦争の当事者の法的責任として、少なくとも三つ、つまり⑴戦争の指導者の処罰、⑵被害国（民）に対する損害賠償金の支払い、⑶被害国の国民に対する個人補償金の支払い、が最低限実施されなければならない。

さらに考察すべきは戦争当事者の道義的責任である。なぜなら法的責任論だけでは本来罪に問われるべき人間が裁かれない可能性が出てくる。あるいは戦争を生み出した原因である制度や構造は温存されてしまう可能性があるからである。しかし、紙幅の都合により、戦争世代の道義的責任（自らの加担の自省、憲法を含む旧制度の改革や戦争体験の伝承など）については割愛したい。

次に考えるべきは、いわば戦争の第二世代の責任論である（高橋哲哉氏はこれを「戦後責任」と呼んでいる）。戦後世代には法的責任はないが、「道義的責任」はあると考えられる。具体的には、⑴（歴史の共同研究も含めて）日本のかつての加害行為を学ぶこと、⑵日本のかつての戦争犯罪に対して「人道に対する罪に時効はない」との立場で戦争犯罪人を追求・処罰する（させる）こと、⑶平和条約を締結し、国交を回復するとともに、日本がかつての被害国に対して不十分な賠償金や個人補償があるなら、その責任を適切に行使する（行使させる）こと、⑷戦争の記憶を風化させないように記念碑の建設や博物館等を設置し、戦争の加害と被害の両面を語り継ぐこと、⑸被害国の歴史・文化を知り、相互理解や和解を深めること、などである。

戦争や植民地支配に関する加害責任を克服し、日本を再び戦争をする国にしないために、私たちに課せられた課題は多く、道のりは遠く果てしないように見える。しかし、目指すべき方向は明確である。世界の国々の叡智と経験に学んで、日本ならではの道を探してゆくべきではないだろうか。そのための手がかりとして、各国の戦争責任・戦後責任との向き合い方を調べてみよう。

一　ドイツの場合

ドイツではユダヤ人虐殺などの「人道に対する罪」を裁くため、一九四五年一一月二〇日～一九四六年一〇月一日までニュルンベルク裁判が開かれ、既に死亡していたヒトラー、ゲッペルス、ヒムラーらを除いて二四名が起訴され、一九名に有罪が宣告された。しかし裁判はそれで終わらず、連合軍占領の下、ニュルンベルク継続裁判（一九四六年一〇月二五日～一九四九年四月一四日）で一二の裁判が行われた。さらに、西ドイツでは独立後も、ナチス犯罪には時効なしとの考え方で一九六五年、六九年と法律が延長され、ついに一九七九年には時効を廃止し（東ドイツはすでに時効を廃止していた）、ナチス犯罪を含むすべての謀殺罪（計画的な殺人に対する罪）には時効を適用しない法律が可決され、翌年施行されている。（https://www.y-history.net/appendix/wh1601-023_1.htm）

こうして今もなおナチス犯罪者を訴追し、戦前のドイツ的なものからの脱却＝非ナチ化が行われている。一九八七年にはフランクフルト高裁はいわゆる「安楽死計画」に関与した二人のナチス医師に対し四年の自由刑という有罪判決を下した（宮澤）。また、九〇年代までに一〇万件以上の捜査が行われ、六〇〇〇件を超える有罪判決が出されている（高橋哲哉）。

次に、国家間の賠償という点では、ソ連と米・英・仏三国では対応が分かれた。アメリカやイギリスは食糧などをそれぞれの占領区に供給したのに対して、ソ連は自らの占領区や、さらには東ドイツからも容赦のない賠償の取り立てを行った。記録に残っている限り、ソ連は自己の占領地からだけでも二六五億ドルの賠償を取り立てたという（マーザー）。さらに、近隣諸国との国交回復については一九六三年一月の独仏条約（エリゼ条約）を嚆矢として、一九七〇年八月のモスクワ条約、同一二月のワルシャワ条約、一九七二年一二月の東西ドイツ基本条約の締結と続き、一九七三年には東西ドイツは国連への同時加盟を実現している。

次に、ユダヤ人への賠償としては、イスラエルとの間でルクセンブルク協定を結び、総額三四億五千マルクを支払った。さらに、一九五九～六四年の間に、ドイツと一二カ国間でナチス犠牲者のための一括支払い協定を締結した（なお、現在でもドイツの政権が変わるたびに大統領や首相は謝罪を表明し、イスラエルに対し継続的な支援を行っている）。

次に、ドイツは個人補償という点でも貴重な先例を与えている。アメリカ在住のユダヤ人（強制労働の犠牲者）からの訴えに応えて、二〇〇〇年には第二次世界大戦中の強制労働の被害者個人を救済するため、ドイツ政府と経済界が折半し、約五〇〇〇億円規模（一〇〇億マルク）の補償基金「記憶・責任・未来」を設立し、二〇〇一年には補償金の支給を開始し、二〇〇七年六月に終結した。支払い対象はおよそ百カ国にまたがる一六六万人であり、支払総額は四三・七億ユーロに達しているという（高木、Wikipedia、マーザー）。

ここで注目すべきは当時の戦争による被害の清算の考え方は、「国際法違反による被害者個人は、加害行為を行った国家に対する請求権を有しない」（河原）とされていた点である。この考え方に立てば、ドイツは国家賠償は行っても、個人補償は行う必要がないことになる。しかしドイツは今後、一切の同種の訴訟が米国で提起されても不受理とすることを条件に、米独の国家間で協定を結び、強制労働の被害者対ドイツ企業という民事上の損害賠償責任を引き受けたのである。これは言い換えれば、国際法違反の戦争責任としてはお金を支払わないけれども、その責任を公的に明らかにするためには無用な時間と費用が掛かることになる（例えば被害者が死滅するまで交渉を引き延ばすこともできる）。これを避けるための人道上の便法として、道義的・民事的責任を認め、そのような形で被害者にお詫びする、ということである。法の壁により、国家間の賠償や国家による個人補償がなかなか進まない現状に大きな風穴を開ける人道的な英断であったと評価されよう（ポーランドやフランスへの占領支配に対しては賠償問題の棚上げ・放棄などの経過もあり、国家賠償としてではなく、農業補助金として賠償責任を果たしている）。

翻って日本では、「人道に対する罪」と言うべき治安維持法の犠牲者（一九二八～四五年までの検挙者六八、二七四人、起訴された者六、五五〇人）に対する謝罪・賠償は「時効の壁」によって阻まれ、この犯罪に加担した特高警察や思想判事らは何ら戦犯追及されることなく人生を終えようとしている。また、七三一部隊で人体実験を行った医師や科学者たちは戦後も何らその罪責を追及されることはなかった。さらに、朝鮮人徴用工の個人賠償請求に対しては、「請求権放棄の壁」や「時効の壁」によって、なかったことにしようとしている。

ドイツの戦後責任の問題はもちろん完璧ではなく問題点もある。一つは再軍備や旧軍人の温存という問題である。「ドイツの軍国主義とナチズムを根絶」するというポツダムの約束は果たされず、冷戦の対立が激化する中で、占領軍の命令によって「ゲーレン機関」や「ドイツ労務部隊」が編成され、旧ナチス軍人の温存とＮＡＴＯ軍戦士への転換が画策された。もう一つはドイツ市民に加えられた大量虐殺とその黙殺の問題である（これはドイツの問題と言うよりも連合国の問題である）。一九四五年八月一六日、イギリスのチャーチルは、ポーランド領からドイツ人追放と移動に際して数百万人のドイツ人が鉄のカーテンの背後で行方不明になったとイギリス下院で発言したが、国際社会はこの事件を黙殺してしまった（マーザー）。これ以外にも、戦後の一時期に一般のドイツ人に対する非人道的な犯罪行為があったとされているが、これらは今日までのところ、人道に対する罪として裁かれてはいない。

以上のドイツの戦争責任や戦後責任との向き合い方は「徹底的」であり「自発的」であり、「人道的」であると評価される。日本が模範とすべき点は多いと思われる。

二　イタリアの場合

イタリアは一九四三年七月の連合国軍のシチリア上陸により枢軸国の敗戦を確信すると、はやばやと枢軸国の立場を捨て、国王と軍のクーデターによりムッソリーニを幽閉し、バドリオ政権を樹立して休戦へと動き出した。しかし同年九月、ドイツ軍の巻き返しによりムッソリーニが奪還され、国王らが南部に逃げ出すと、北部イタリアを中心としたサロ政権（イタリア社会共和国ＲＳＩ）と、南部のイタリア王国（バドリオ政権）が分立・抗争する内乱状態となった。こうした中、北部イタリアではレジスタンス運動（パルチザン）が結成され、ナチ・ファシストと果敢に闘った。一九四四年六月には連合軍のローマ解放を受けて、レジスタンス勢力のクーデターによりバドリオ政権はボノーミ政権に切り替わり、一九四五年四月五日にはムッソリーニを捉えて処刑し、終戦を迎えた。終戦時にはイタリアは「共同交戦国」となってパリ講和会議に出席するという変わり身の早さだった（ただし、講和条約では敗戦国扱いされた）。イタリアは、戦争の反省や戦争責任と、どのように向き合ってきたのだろうか。

まず、イタリアの特殊性の結果として、ドイツや日本のような連合国による国際軍事裁判は開かれなかった。しかし、イタリアは自らの意思で自国の戦争犯罪人＝ファシストを裁いている。イタリア政府によるファシスト裁判はファシスト制裁（粛清）高等委員会によって行われ、一九四四年二月から始まったが、一九四六年二月には解散され、追及活動ははやばやと終了した（イタリアにおける戦犯追及が停滞・頓挫したのは政府自身が事件の資料を隠し、長年封印してきたからでもあった。一九四五年八月、パルチザン内閣の首相のパルリはナチスとファシストによる戦争犯罪の調査を決定し、約二九〇〇（一説には二二七四）のファイルを集めたが、その後、闇に葬られてしまった。このファイルの隠蔽には一九四七年五月に内閣から社会党・共産党を追放したデ・ガスペリ内閣が関わっていたと言われている）。

しかしパルチザンの影響の強かった北部イタリアでは各地で軍事裁判が行われた。ミラノ重罪裁判所では戦争犯罪八九〇件のうち、死刑判決は三六名、うち二名が死刑執行。対独協力の罪では二五九人に死刑が宣告され、うち九一名が執行された。また、イタリア国内及びバルカン半島、地中海諸島のナチス占領時代の戦争犯罪に関して米英軍による軍事裁判が行われたが、対象者や刑罰が不十分で減刑が繰り返され、有罪判決を受けた者もほとんどが一九五二年ごろまでに釈放されたと言われている（伊藤）。

ムッソリーニのファシスト体制の下では全ての公務員はファシスト党員であることが求められたため、レジスタンス側にも元ファシスト党員は多く存在した。公職追放は全国で約一・三万人が審理されたが、罷免は約七〇〇人にとどまった（ただし連合軍により二九〇〇人が解雇された）。アメリカは戦後改革や憲法制定などの内政を優先し、ファシズムへの追及は後回しとなったのである。

次に、新憲法が制定（一九四七年一二月）され、戦争の責任を追及されて王政は共和制に切り替えられた（国民投票で決着）。そして新憲法には日本国憲法と同じように戦争の放棄（一一条）やファシスト党の再建禁止が盛り込まれた。また、連合国からは賠償金の請求が行われ、戦後のイタリアは巨額の賠償金を支払った（ソ連に一億ドル、ギリシャ一億五〇〇〇万ドル、アルバニア五〇〇〇万ドル、ユーゴスラヴィア一億二五〇〇万ドル、エチオピア二五〇〇万ドル）。ただし、アメリカ、イギリスをはじめ連合国の多くは賠償請求権を放棄した上に、アメリカからはＵＮＲＲＡ（連合国救済復興機関）援助や民間のチャネルを通して多額の資金援助が行われたため、英米への負担は大きく軽減された。

領土問題についてはイタリア側に強い不満が残る内容となった。イタリアは第一次大戦やそれ以前から領有していた植民地もすべて失った。ドデカネス諸島はギリシャに割譲され、アルバニアとエチオピアについては独立を承認し、中国の天津の租借地は放棄し、リビア、エリトリア、イタリア領ソマリランドについても全権を放棄した。

ドイツに対する戦争犯罪の追及に関しては、二〇〇五年、北イタリアのラ・スペツィアの軍事裁判所は一九四四年八月一二日にサンタンナ・ディ・スタッツェーマで五六〇人の女性や子どもを虐殺した罪で一〇人のナチス親衛隊の元隊員に終身刑を宣告し、損害賠償を命じた。ただし被告は高齢のためドイツから移送されることはなく、判決は象徴的意味しかなかったが、ドイツ、フランスに続いてイタリアも戦争犯罪に時効はないことを示した点で意味があった。

だが、大局的に見て、イタリア社会はレジスタンスの神話を語る一方で、戦争や植民地支配の責任を一部のファシストに押し付け、国民全体の問題としては反省することがなかったように思われる。例えば、エチオピアにたいしてイタリアは一九九六年まで毒ガス使用の事実を認めなかった。戦後イタリア社会が戦争やファシズムを反省し、政治の安定を求めたり、冷戦体制から脱却して独自の道（ユーロコミュニズム）を追求しようとすると、不可解なテロやクーデター未遂事件が頻発し、元首相やローマ教皇を含む多くの要人が殺害された。その結果、混乱と対立の中で不安定な政治が続いてきた。長い間、これらのテロリズムの背景は明らかにならなかったが、一つの事件をきっかけに、我々はイタリア戦後社会を覆っていた影の力の存在を知ることとなった。これこそが戦後イタリアの良心をむしばんできた病根と言えるのかもしれない。

一九六九年一二月一二日、ミラノのフォンテーヌ広場に面する全国農業銀行で爆破テロが起きた。それは特定の人物を狙ったものではなく、多くの無辜《むこ》の市民を殺傷し、恐怖をあおるためのものであった（最終的に死者一七名、負傷者八八名）。警察は当初、左翼（アナーキストなど）の犯行と見て捜査を始めたが、結局犯人は分からなかった。しかし、その後、極右グループが関与していること、また、政府の諜報員が極右のメンバーとしてグループ内にはいり込んでいること、同日、ローマなど計五カ所で同様の爆破テロが計画されていたこと、一連の事件を利用して緊急事態を宣言し、それを利用した軍の一部によるクーデター計画があったこと、など事件の背景がかなり大掛かりなものであることが明らかになってきた。そして、爆破に使われた爆弾は軍が使用する強力なものであったこと、偶然、ある秘密の洞窟の中から備蓄された大量の武器・弾薬が見つかり、それらがミラノの爆破事件に使われたことなどが明らかとなり、事件はイタリア軍部やＮＡＴＯが関与する大掛かりなものである可能性が出てきた。

一九八四年にはヴィンチェンツォ・ヴィンチグエッラ（極右のテロリスト）は議会で宣誓証言を行い、その証言の中で自らが爆破テロに関与したこと、そして爆破テロの目的が「緊張作戦」と呼ばれ、「民間人を、人々を、女性を、子供を、無辜の人々を、あらゆる政治的ゲームとは縁もゆかりもない名も無き人々を攻撃しなければならない。理由は極めて単純だ。一般大衆に、より大いなる安全を求めさせ、国家に頼るようにさせるためだ」「（一九）六九年一二月一二日に起こった爆破事件（フォンテーヌ事件）は、政治と軍事が合致し、『緊急事態宣言』が発令されるための起爆剤であるべきであった」と述べた。

こうした動きを受けて、ついに一九九〇年、当時の首相のアンドレオッティはグラディオ（Gladio：古代ローマの諸刃の短剣）と呼ばれる秘密組織の存在を認め、その組織がＣＩＡとＭＩ６によって創始され、現在も存在していることを公式に認めた。グラディオは国防大臣パオロ・タビアーニの時（一九五三～五八年）に設立され、ＡＣＣ（連合国秘密委員会）と連携しつつイタリアの軍事情報機関（現在のＳＩＳＭＩの前身）の下に置かれた。そしてＮＡＴＯの管理下、米国のＣＩＡや英国の秘密情報機関（ＳＩＳ、ＭＩ６）と緊密に連携し、米国のグリーンベレー、英国の特殊航空サービス（ＳＡＳ）と一緒に訓練を受けていた。これらの秘密のＮＡＴＯ戦士はソビエトの潜在的な侵攻、共産主義との戦いに対応する準備を整えており、地下兵器貯蔵庫にアクセスできる。そのネットワークは国際的であり、ＮＡＴＯ参加メンバー国だけでなく、オーストリア、フィンランド、スウェーデン、スイスの中立国を含んでいるという（その後、イタリア政府は激しい国民からの批判の中、この秘密組織の閉鎖を約束した。ベルギー政府も同様の調査を行った。欧州議会は一九九〇年、背後作戦 stay-behind によってヨーロッパの政治を操作したとの決議を行い、ＮＡＴＯや米国を非難した。ただし、ブッシュ政権はコメントを拒否。その後、この組織は解散したと言われている）。

我々のテーマに戻ろう。これまで見てきたように、（ドイツとともに）イタリアは地政学的にも、政治的にも東西冷戦の最前線の役割を担わされ、米国や米軍、ＮＡＴＯ軍、ＣＩＡの激しいコントロールに翻弄されてきた。こうした中、戦争の記憶を封印してきたイタリアが第二次世界大戦の戦争責任を自ら反省することは客観的に見て大変難しい環境に置かれていたと言えるであろう。

しかし、一九九四年に、イタリアの軍事法廷関連組織の建物内で「恥辱の戸棚 armadio della vergogna」が見つかり、その中から、戦後直後に隠された六九五件のナチ・ファシスト戦争犯罪関連文書が発見され、占領地でのイタリア軍の大虐殺（加害）の調査に道が開かれた。こうして一九九〇年代以降、イタリアの植民地支配や占領時代に関する研究は進展し、一九四〇～四三年のギリシャ、ユーゴスラビアなどバルカン半島や地中海の島における占領統治中に行った加害責任問題（住民虐殺、強制収容所）についても研究が進められた。また、一九九三年からはイタリアとスロヴェニアの政府間合意により歴史研究の共同プロジェクトが立ち上げられ、合同委員会は二〇〇〇年に両国の外務省に最終報告書を提出した。一九九六年二月、イタリア政府は植民地侵略の際の毒ガス使用について調査委員会を設置し、その使用を公式に認めた。

ユダヤ人虐殺との関連では、一九四三年九月以降、ドイツがイタリアを占領し、イタリアに住んでいたユダヤ人（約四・四万人）のうち約八〇〇〇人が虐殺された。その際、イタリアの官憲やファシストがナチスに協力し、移送に協力した。また、イタリア社会共和国（サロ政権）時代にはトリエステ近郊に小規模ながら絶滅収容所が設置された。こうした反省から、現在、アウシュビッツが解放された一月二七日はイタリアでも「記憶の日」と定められている。

このように一九九四年以降、イタリアの民主主義と良心を取り戻す動きは新しい前進を始めたように思われる。

イタリアの戦争責任との向き合い方を通じて分かったことは、戦後政治が戦争責任の追及も含めて冷戦対立に翻弄されてきたということである。戦争責任が単に一国的・内省的な問題にとどまらず、東西対立という大きな国際政治と密接に関わっていたことをイタリアは教えてくれた。戦争責任を自発的に考えるための大前提条件である、情報の保存・公開や政治的自由の確保がどの程度イタリアに保障されていたのか、という問題と関連させながら、私たちは戦争責任の問題を主体的に、自発的に、かつ多角的に検討してゆかなければならないということである。

三　まとめ

ドイツの加害責任との向き合い方は「徹底的」という印象を受ける。国際軍事法廷が開かれなくなっても、自らの手で過去の過ちを裁こうとする姿勢には歴史への強い責任と気概を感じる。たとえ、裏ではナチスの元軍人を使ってゲーレン機関などを動かし、冷戦下の策動に加担していたとしても、それは（米国の寛大なる賠償請求と引き換えに）米国やＮＡＴＯとの関係でやむなく押し付けられたものであり、ドイツの（そしてドイツ国民の）本心ではないと信じることができる。これに対して日本の加害責任との向き合い方は、戦争の最高責任者であった天皇の責任があいまいにされたこと、日本人自身の手で自らの戦争犯罪を裁くことが出来なかったという点で、（新憲法の制定や農地改革などで一定の反省は行ったものの）自発的・内省的・国民的反省は未解決のままに残されたと思われる。占領と冷戦による困難が戦争責任の追及を困難としたことを割り引いたとしても、日本の戦争責任の追及は中途半端であったと評される。別の言い方をすれば、日本が第三次世界大戦の引き金を引く可能性はなくなっていないということである。そしてこうした戦争責任や戦後責任との曖昧な向き合い方が継続する中で、一九九〇年代になって歴史修正主義というウイルスが発症し、右派保守層や政治権力に感染し、またたく間に政治的な意図を持った日本改革＝憲法九条破壊運動の一翼を担う存在へと成長していったのではないだろうか。つまり、中国や韓国・北朝鮮、アジアとの友好の未来を切り開こうとする姿勢ではなく、敵対心と緊張・脅威を煽り（イタリアの「緊張作戦」！）、日米同盟を強化して軍備を増強し、「戦争する国」づくりを進めるための布石として、歴史が狙われ、歴史の改ざんや愛国心の押しつけが意図されたのだった。こう考えると、歴史修正主義への最終的な批判は「戦争する国」づくりを止めることと一体になっていると考えざるを得ないのである。

人道に対する罪を含む戦争犯罪の追及（アメリカの原爆投下や連合国側の戦争責任の追及を含む）とともに、冷戦対立によって歪められた戦後史や戦争責任を問い直し、我々は自らの歴史認識を不断にバージョン・アップさせ、憲法の平和条項を守る闘いとも連携しつつ、自らの戦争責任・戦後責任を自発的に、主体的に、多角的に問い続けてゆかねばならない。

〔参考文献〕

伊藤カンナ「イタリアの戦後賠償」『名古屋大学学術機関リポジトリ』二〇一五年
伊藤武『イタリア現代史―第二次世界大戦からベルルスコーニ後まで』中公新書、二〇一六年
小田原琳「フォッセ・アルデアティーネをめぐる問題―ドイツ軍によるイタリア民間人虐殺事件をどのよ

うに記憶するか」『クァドランテ』一〇号、三四三―三六一、二〇〇八年
片桐薫『ヨーロッパ社会主義の可能性』岩波現代選書、一九八三年
河原節子「和解―そのかたちとプロセス」、『外務省調査月報』No.1、二〇一四年
北原敦編『イタリア史』山川出版社、二〇〇八年
高木喜孝『戦後賠償訴訟の歴史的変遷と現段階』
http://gendainoriron.jp/vol.19/feature/f13.php（アクセス：二〇二〇年一月二九日）
高橋進「イタリアにおける戦争責任問題とファシズム制裁」藤原彰／荒井信一編『現代史における戦争責任』青木書店、一九九〇年
高橋進／村上義和編著『イタリアの歴史を知るための五〇章』明石書房、二〇一九年
高橋哲哉『戦後責任論』講談社、一九九九年
フランコ・フェラレージ『現代イタリアの極右勢力―第二次世界大戦後のイタリアにおける急進右翼』高橋進訳、大阪経済法科大学出版部、二〇〇三年
マーザー『現代ドイツ史入門』小林正文訳、講談社現代新書、一九九五年
松村高夫／矢野久編著『大量虐殺の社会史―戦慄の二〇世紀』ミネルヴァ書房、二〇〇七年
宮澤浩一『ナチス犯罪の追及と西ドイツ刑事司法：特に、ナチス犯罪追及センターの活動とナチス犯罪者の外泊に関する許諾の問題を中心として』慶応義塾大学法学研究会、一九八八年
マルコ・トゥリオ・ジョルダーナ監督『フォンターナ広場：イタリアの陰謀（DVD）』日本公開二〇一三年一二月
ルイス・ミゲル・ローシャ『P2（上）（下）』木村裕美訳、新潮文庫、二〇一〇年

若尾祐司／井上茂子編著『近代ドイツの歴史―一八世紀から現代まで』ミネルヴァ書房、二〇〇五年
Daniele Ganser: NATO's Secret Armies: Operation Gladio and Terrorism in Western Europe, Frank Cass, London and New York, 2005
https://en.wikipedia.org/wiki/Operation_Gladio（アクセス：二〇二〇年五月五日）

第六章　クラウス・バルビー裁判と仏国民の記憶

近藤　學

一　「リヨンの屠殺者」

フランスは戦勝国であるが、ナチスの電撃作戦によって占領という受難を強いられた国であり被害者の立場でもある。「被害国（者）の戦争責任とは一体何か」、これを考えるため、ＢＣ級戦犯であるクラウス・バルビーの裁判を見てみよう。

クラウス・バルビーは一九一三年にドイツで生まれ、一九三三年には当時勃興してきたナチスのために働き始め、三五年には親衛隊保安部（ＳＤ）に所属した。第二次世界大戦が勃発し、パリがドイツ軍に占領されると、フィリップ・ペタンが首班を務めるヴィシー政権（一九四〇年七月〜一九四四年八月）下のリヨンにゲシュタポ（秘密国家警察）の治安責任者として赴任。最終階級は親衛隊大尉。一九四五年五月の終戦までの間に、ヴィシー政権下のリヨンで反独

レジスタンスを鎮圧する任務に就き、八〇〇〇人以上を強制移送により死に追いやり、四〇〇〇人以上の殺害に関与し、一五〇〇〇人以上のレジスタンスに拷問を加えた責任者とされている。レジスタンスのメンバーの虐殺だけでなくユダヤ人の絶滅収容所移送にも関わり、特に、イジューの孤児院に収容されていた四四人のユダヤ人の子どもたちの虐殺に関する責任者とされたほか、レジスタンス指導者だったジャン・ムーラン（全国抵抗評議会議長、ボルドーに彼の名の博物館がある）を逮捕し死に追いやったと、のちに供述している。

二 「敵の敵は味方」

戦後、バルビーは戦犯として処刑されることをまぬかれ、一九四七年から四年間、アメリカ陸軍情報部隊（ＣＩＣ）の工作員として雇用された。捕虜を尋問する方法（拷問？）にたけていたバルビーは、反共主義の台頭＝冷戦開始によって、「敵の敵は味方」となって再び生きる機会を与えられたのだった。

バルビーはＣＩＣ工作員当時、ラインハルト・ゲーレンの下（ゲーレン機関）で働いた。ゲーレンは第二次大戦中、ナチスの東方外国軍課長で、対ソ諜報戦の責任者とされ、対ソ戦で一〇万人の捕虜を捕らえ、収容所で餓死させたとされる人物である。彼は後に西ドイツの初代情報局長になっている。彼を雇ったのはＯＳＳ（アメリカ軍戦略情報局）で、その中心人物は後のＣＩＡ長官アレン・ダレスだった。

ゲーレン機関でのバルビーの任務はSS（親衛隊）とSD（親衛隊保安部）の残党を集め、西側の支援の下に、極秘の反共の秘密結社を作ることだった。この秘密結社は表面的にはソ連の侵攻と闘うことを目的としていたが、実際には西側の選挙で左翼の台頭を防ぐことが目的だった。アメリカ政府・CIAはそのためナチスの残党に武器を与えた。イタリア、ギリシア、ドイツで事件が起こり、民主勢力や労働組合を動揺させるために、この秘密結社が騒動を起こしたという証拠がある。ミラノでは一九六九年、フォンターナ広場に面する全国農業銀行で爆破テロが起き、死者一七人、負傷者八八人の大惨事となった。この秘密結社は九〇年代初期まで活動していたと言われている（第5章参照）。

フランスは、当初は戦犯としてバルビーを裁くことに消極的だった。大戦後、名を成したフランスのある政府高官は元バルビーの情報提供者だったからである。しかし、一九四八年、シュッットガルトでのルネ・アルディの裁判の証人としてバルビーが出廷すると、フランスの国民が騒ぎ出した。フランス国民はバルビーの逮捕と裁判を要求し、ようやく政府は重い腰をあげ、バルビーの引き渡しをアメリカに要求した。しかし、バルビーはCICの情報部員の養成に不可欠であったと認められたため、アメリカは渡したくなかった。そこでCICはフランスの手が及ばないところにバルビーをかくまおうとした。バルビーはクラウス・アルトマンと名を変えてビザを入手し、一九五一年春、ジェノバを経由して南米ボリビアに渡った。

三 「第四帝国」建設の夢

一九五七年、バルビーはボリビア国籍を取得。その後、軍人や軍部との接触を深めていった。一九六四年クーデターが起き、軍事政権が誕生し、レネ・バリエントス大統領が就任するとバルビーはCIAと接触し、両者を仲介した。大統領は左派勢力に手を焼いていたが、その背後にはチェ・ゲバラがいた。バルビーはゲバラ殺害の作戦を立てたと言われている。

バルビーはバリエントス大統領に国営の海運会社を作らせ、武器の密輸を行い、巨万の富を築いた。この関連でパリを訪問した際、そのときの報道写真がナチ・ハンターの目に留まった。国民が再び騒ぎ出し、バルビーをボリビアからフランスに引き渡すようフランス政府に働きかけた。しかし、一九七一年にクーデターで就任したウゴ・バンセル・スアレス大統領は引き渡しを拒否した。

しかし事態は思わぬところから動き出した。一九七二年に、ペルーのリマで発生した殺人事件の被害者と容疑者に関係のあったバルビーはリマ市警に眼をつけられた。そしてこの実業家が、実はフランスの破毀院（最高裁判所）によって死刑の判決が出ている戦争犯罪人であることが判明した。事件後、バルビーは公然と姿を現わし、自分の正体を認めた。そしてボリビアのテレビに出演して、親衛隊員の過去を礼讃した。世界のマスコミは騒然となりボリビアに殺到した。バルビーはマスコミに回想録を売りつけ、戦後、西ドイツのゲーレン機関に関係していたことを暴露して、世界を驚かせた。またバルビーは「戦争犯罪と考えられるいかなる行為にも関わっていない」と強く主張した。

一九八〇年四月一七日、バルビーはルイス・ガルシア・メサ・テハダ将軍が起こした軍事クーデターにも関与した。アメリカはボリビアからチリに反共の砦を作ることを計画していたので、バルビーらの蜂起を容認した。バルビーはボリビア軍のためにシュタイア・プフ社の最新鋭の戦車を一六台購入した。クーデターは成功したが、次第に軍部が麻薬を管理するようになり、世界のコカインの八〇％を扱うまでになった。アメリカは国民の批判に押されて、コカイン取り締まりのため、ボリビアへの援助を打ち切った。その結果、バルビーの第四帝国建設の夢は断たれ、一年半後には軍事政権は崩壊し、一九八二年には民政（社会主義政権）へと移行した。

一九八三年、七〇歳になったバルビーは逮捕され、その扱いについてフランスのミッテラン大統領（社会党政権）と水面下の交渉が行われた。ボリビアとフランスは犯人引き渡しができないので、フランスはお金を出し、バルビーを「購入」した。バルビーはこうしてリヨンの軍刑務所に収監されたのだった。

四　バルビー裁判

一九八四年から裁判が始まった。弁護士はジャック・ヴェルジェス。彼は、ミッテランはヴィシー政権の官僚であり、この裁判は自らの潔白を印象付けるための政治劇だと批判した。バルビーはベトナムを空爆したアメリカ人将校、アフガニスタンに侵攻したロシア人将校、アルジェリアに侵攻したフランス人将校と同じ程度の罪だと主張。また、ユダヤ人の強制移送に時のフランス政府が関わっていたこと、子どもの移送を提案したのはフランス政府だったと主張。そして占領下でバルビーがやったことは当時のフランス法に照らしても合法だったと主張した。

一九八七年七月三日判決が下された。最終発言で、バルビーは強制移送の権限を自分は持っていなかったと主張したが、判決は「人道に対する罪」で終身禁固刑を宣告した。なお、フランスは死刑制度を廃止していたので、これが最高刑であった。一九九一年、バルビーは癌のためリヨン刑務所内で獄死した。七八年間の人生であった。

五　バルビーの生涯と「国民の記憶」

我々はこうしたバルビーの生涯から何を教訓として学ぶべきだろうか。

第一は、戦争犯罪に時効はない、ということを改めて世界に問いかけたことである。フランスの国民的物語は、「ナチス・ドイツに侵略され占領されたけれども、最後には民衆が立ち上がり、敵を追い出した。そういう輝かしいレジスタンスの伝統の国だ」ということだった。クラウス・バルビーはこの国民的物語の恰好の敵役であり、かつてのフランスがナチス・ドイツに協力していたことを隠蔽する、あるいはその罪をやわらげる手段としていけにえにされた、そういう側面があったことは否めない。しかし、その上で、なおフランス国民は「時効の壁」を超えて戦争犯罪人を裁いたのだった。これは国際人道法の発展の見地から大いに評価すべきではないだろうか。つまりフランスはドイツに続いて、戦争犯罪には時効はない、ということを再度確認したのである。

ここでユダヤ人虐殺への加担とその後の反省に関してフランス政府がどう対応したかについて一言しておこう。現在、七月一六日は「ユダヤ人迫害の日」とされ、様々な国家的行事が行われているが、その発端となったのがヴェルディヴ事件である。これは、一九四二年七月一六日から一七日にかけてパリで行われたユダヤ人の一斉検挙事件のことである。それに先立つ同年六月、ドイツ占領当局は一〇万人のユダヤ人移送をヴィシー政権に割り当てたため、フランスにおけるユダヤ人の一斉検挙と強制移送が本格化していた。ヴェルディヴ事件はその中でも最大規模のものであり、フランスにおけるユダヤ人迫害の象徴的事件となった。二日間で子ども約四〇〇〇人を含む約一万三〇〇〇人が検挙され、その多くはアウシュビッツなどの絶滅収容所に移送された。ヴィシー政権下全体ではフランス各地の収容所から絶滅収容所へ送られたユダヤ人は一八歳未満の子ども約一万人を含めて七五、七二一人に及ぶとされている（加藤）。

一九九三年二月、フランスはこの七月一六日を「ユダヤ人迫害の日」とする大統領令を制定し、さらに二〇〇〇年七月には「フランス国家による人種差別と反ユダヤ主義にもとづく犯罪の犠牲者を記憶し、フランスの《正義の人々》を讃える国民の日」を上下両院で可決した。これによってフランスは国家の責任を公的に認めたのだった。そして、シラク大統領は一九九五年の「ユダヤ人迫害の日」の記念式典で「国家が犯した過ち」を認め、「（フランスは）時効のない債務を負っている」と述べた。同じく二〇〇五年一月にはパリのショアー記念館（ユダヤ人虐殺やそれへの加担の資料館）の開館式で「ユダヤ人の犠牲者を永久に記憶に留める」ことを誓うとともに、「ナチスの大量殺戮を否定する歴史修正主義（le négationnisme）」を「真実に反する罪」と断罪した（フランスにもいまだに「アウシュビッツの嘘」を叫ぶ政治勢力がある）。また、二〇一二年七月にはオランド大統領は初めて「ヴェルディブ事件」への謝罪を公式に表明した。こうした一連の経過の中で、フランスにおけるホロコーストへの国民的関心は一九九〇年代以降、忘却から再記憶化へ大きく転回し、記念日の制定や資料センターの設立等を経て、現在では「国家責任を公式に認める地平に達した」と言われている（加藤）。

第二に、二つの大義の問題。バルビーはナチス体制に忠誠を誓い、ある意味で大義を貫いた。しかし、バルビーにはその大義が世界の大道、人類の歴史の大道（人道）に照らして歪んだものであることが見えなかった。そのことが彼の許されざる罪なのであろう。我々は一般に、体制に従い、国家の大義に従うことを無条件に良いこと（あるいは安全だ）と考えている。しかし、より普遍的な、より長期の人道上の観点から、その時々の為政者の決断が間違っていないかを常に問い続ける姿勢が問われているのではないだろうか。ファシズムや核兵器開発、原発、地球温暖化などの問題も根は同じではないだろうか。

第三に、戦争の反省とは何かということである。戦争の反省とはバルビーのような人物を二度と出さないことだろう。ジャン・ムーランを虐殺したバルビーの拷問が特に残虐だったということはできない。例えば小林多喜二を虐殺した日本の特高警察の拷問と比べてバルビーやゲシュタポのそれが特に残虐だったとは言えないだろう。しかし、南京軍事法廷で死刑になったBC級被告たちや、東京裁判で死刑となったA級被告たち（B級被告も含む）と同様に、バルビーが反レジスタンスの象徴的人物となり、それゆえにフランス国民の怒りを鎮めるために死刑（バルビーの場合は終身刑）に処されざるを得なかったというのは、やむを得ないことだったと筆者は考える。国民の巨大な怒りの感情を鎮めるためには、あるいは社会が一丸となって新しい一歩を踏み出すためには、何らかの「けじめ」を社会は必要とするのではないだろうか。ある意味、バルビーも戦争の犠牲者である。だからこそ、こうした人物を出さないためにも戦争を起こさないこと、戦争を未然に防止することが必要だろう。そのためにはどうすべきか、これを考えることこそが我々の「国民の責任」ではないだろうか。歴史の加害と被害の両面を受け止め、歴史の真実を追及すること。歴史を忘れないこと。死者を忘れないこと。戦犯追及を止めないこと。そして、歴史の真実を問い続け、不断に現在の観点から学び直し、その成果を次世代に伝えてゆくことである。こうした「国民の記憶」を不断に更新し、豊かなものにしてゆく営みの中でこそ我々は真に戦争とそれを必要とした社会を過去のものとして脱却することができるのではないだろうか。

フランスの戦後責任との向き合い方の経験は、戦勝国や戦敗国の区別を超えて、戦争責任一般の問題、すなわち「人道に対する罪」との向き合い方を我々に問いかけているのではないだろうか。

〔参考文献〕

バルビーの略歴はリヨンのレジスタンス博物館での説明動画やWikipediaなどの他、映画『敵こそ、わが友―戦犯クラウス・バルビー三つの人生―』ケヴィン・マクドナルド監督、二〇〇七年作品を参考にした。画像は https://ona.blog.ss-blog.jp/2010-12-25 より引用。
加藤克之「第二次世界大戦期フランスの『強制収容所』とユダヤ人迫害の『再記憶化』」社会文化論集：島根大学法文学部紀要社会文化学科編三、一―一四、二〇〇六年

第七章　『教育勅語』の復活は許されない

山田　稔

はじめに

朕惟《ちんおも》フニ我カ皇祖皇宗國ヲ肇《はじ》ムルコト宏遠ニ徳ヲ樹《た》ツルコト深厚ナリ。我カ臣民克《よ》ク忠ニ克ク孝ニ、億兆心ヲ一《いつ》ニシテ、世々厥《そ》ノ美ヲ濟《な》セルハ此レ我カ國體ノ精華ニシテ、教育ノ淵源亦實《えんげんまたじつ》ニ此《ここ》ニ存ス。……

『教育勅語』の冒頭の一節である。

私はいわゆる「国民学校一年生」。一九四一年、太平洋戦争が始まった年に、それまでの「小学校」が「皇国民の錬成」を目的とする「国民学校」と改称された。敗戦後、六・三制の新学制が始まる直前まで六年間続いた。国民学校に入学し、そこを卒業したのは、私たちの学年だけである。『教育勅語』を叩き込まれた世代といえよう。今でも暗唱することができる。

『教育勅語』が国民をあの無謀な戦争に駆り立て、内外の甚大な尊い命を奪う上で大きな役割を果たしたことは、何人も否定できない歴史的事実である。そうだからこそ、「日本国憲法とあいいれない」として、戦後、衆・参両院の本会議で、排除・失効確認決議が満場一致で採択されたのである。「勅語」に郷愁を覚える保守的政治家は残念ながら結構いるが、歴代の自民党内閣も「教育勅語を学校教育の場で使ってはならない」との立場を踏襲してきた。

ところが、「戦後レジュームからの脱却」を叫ぶ安倍内閣は、とうとう、「憲法や教育基本法に反しないような形で教育勅語を教材として用いることまで否定されないと考えている」と、学校教育の場での使用を容認するに至った。憲法や教育基本法に反するからこそ、国会が排除・失効確認決議をしたのである。そして、国会の決議は今日でも内閣を拘束しているにも拘らずである。

『教育勅語』がどういう経過で出されたのか。それがどういう役割を果たし、なぜ国会が排除・失効確認決議をしたのか。そして、安倍内閣の新たな「見解」は何をねらっているのか。われわれはこれにどう立ち向かっていくべきか。こうした諸点について、改めて問題点を整理した。

一　『教育勅語』はどういう経過で作られ、何を目的としたか

(一) 明治初期の教育政策

明治初期の日本の政治は「欧米諸国を見習い、これに追いつけ」との考えですすめられた。一八七一(明治四)年から七三年にかけて、総勢一〇七人で出かけた岩倉使節団を始めとして、政府の要人

は欧米に学んで日本の近代化をすすめようとした。学校教育もその例外ではなかった。

一八七二（明治五）年の「学制」発布で、日本の学校制度が始まった。それは、「国家のための教育」ではなく、教育は「身を立てる基である」との考えに基づくものであった。従って、後のように「国定教科書」は作られておらず、学校が自由に教科書を選んでいた。福沢諭吉の『学問のすすめ』など、「啓蒙思想」にもとづくテキストが用いられた。

そのことも背景となって西洋の近代思想が普及し、やがて自由民権運動が激しく起こってくる。それに押されながら、しかし、それを押しつぶして、「万世一系ノ天皇ガ統治スル」大日本帝国憲法が制定されていくなかで、教育の方向転換がはかられていった。

(二) 天皇側近たちの逆襲

一八七九（明治一二）年、明治天皇は「教学聖旨」を出した。政府の教育政策は知識・才芸の教育に偏《かたよ》っており、儒教的な徳育を重視すべきだというのである。これを起草したのは、長らく明治天皇の侍講を務め、後に「教育勅語」の起草にも関わった元田永孚《ながざね》だった。一八八一（明治一四）年の政変以降、自由民権運動に徹底的な弾圧を加え、「天皇主権」の欽定憲法の制定をめざした政府は、啓蒙思想を忌避し、天皇制イデオロギーのもとに国民教化をはかろうとしたのである。

勅語制定の直接のきっかけは、帝国憲法発布の翌一八九〇（明治二三）年二月にもたれた地方長官会議だった（地方長官＝府県知事で、内務官僚）。知事たちは、かねてから儒教的な徳育がすたれてきたことに強い不満を持っていた。そこで、「徳育涵養《かんよう》ノ議ニ付建議」を行ったのである。折から、先に

「軍人勅諭」を起草した山県有朋《やまがたありとも》が総理大臣になっていた。そこで徳育に熱心な芳川顕正を文相に起用。芳川は明治天皇から直々に「教育上の箴言《しんげん》をつくるように」と声をかけられた。こうして、文部省が勅語起草に乗り出すこととなった。

（箴言＝本来は「旧約聖書」の一書。格言ないし処世訓）

（三）中村正直案から井上毅・元田永孚案へ

文部省が最初に箴言の起草を委《ゆだ》ねたのは中村正直である。中村は、東大教授を務め、その時は女子師範学校の校長で、当時の青年たちを魅了した『西国立志編』の訳・編者としても著名だった。しかし、中村が起草した草案は、忠・孝と仁愛信義を倫理の基本としながら、人間一人ひとりに倫理のもとになる心があるとするもので、かなり長文でもあった。これを痛烈に批判したのは、伊藤博文のもとで大日本帝国憲法の起草にあたった内閣法制局長官の井上毅《こわし》である。一方、先述の元田永孚も「勅語」の草案を準備していたが、井上が起草していると知ってこれに協力するようになり、二人の手で勅語の原案がつくられた。

教育勅語が発布されたのは一八九〇（明治二三）年一〇月三〇日。一一月三日は「天長節」で、官公庁・学校で式典が行われる。早速、勅語が「奉読」されることを期待したのだろう。また、絶対主義天皇制を根幹とする大日本帝国憲法の発布は前年の二月一一日、施行は勅語発布の約一カ月後の一一月二九日、その三日前の二六日には第一回帝国議会が召集された。このように、教育勅語は明治憲法と一体のものとして発布され、帝国議会の召集前に出されたのだった。

【教育勅語・文部省通訳】（一九四〇年、文部省図書局）

朕《ちん》がおもふに我が御祖先の方々が国をお肇《はじ》めになったことは極めて宏遠であり、徳をお立てになったことは極めて深く厚くおらせられ、又我が臣民はよく忠にはげみよく孝をつくし、国中のすべての皆心を一にして代々美風をつくりあげて来た。これは我が国柄の精髄であって、教育の基づくところもまた実にこゝにある。

汝臣民は父母に孝行をつくし、兄弟姉妹仲よくし、夫婦は互いに睦び合ひ、朋友互いに信義を以て交はり、へりくだって気随気侭の振舞をせず、人々に対して慈愛を及ぼすやうにし、学問を修め業務を習って、知識才能を養ひ、善良有為の人となり、進んで公共の利益を広め、世のためになる仕事を起こし、常に皇室典範ならびに憲法を始め諸々の法令を尊重遵守し、万一危急の大事が起こったならば、大義に基づいて勇気をふるひ、一身を捧げて皇室国家の為につくせ。

かくして神勅のまにまに天地と共に窮《きわま》りなき宝祚《あまつひつぎ》の御栄たすけ奉れ。かやうにすることは、たゞに朕に対して忠良なる臣民であるばかりでなく、それがとりもなほさず汝らの祖先ののこした美風をはっきりあらはすことになる。

こゝに示した道は実に我が御祖先のおのこしになった御訓であって、皇祖皇宗の子孫たる者及び臣民たる者が共々にしたがひ守るべきところである。この道は古今を貫ぬいて永久に間違いがなく、又我が国はもとより外国でとり用ひても正しい道である。

朕は汝臣民と一緒にこの道を大切に守って、皆この道を体得実践することを切に望む。

明治二十三年十月三十日
御名御璽

二　『教育勅語』はどう扱われ、どういう影響をもたらしたか

（一）『教育勅語』はどう扱われたか

教育勅語は、公布と同時に、全国のすべての学校にその謄本《とうほん》（写し）が交付された。学校教育を通して勅語の思想を国民に浸透させるために、三つの手段がとられた。

第一に、祝祭日の儀式における校長による奉読とそれに続く訓示。第二に、毎日行われる勅語に向かっての拝礼。第三に、修身の時間などで行われる通釈である。

勅語「下賜」の翌一八九一（明治二四）年六月、文部省令「小学校祝日大祭日儀式規定」が出された。これによって、「御真影」（天皇・皇后の肖像写真）への拝礼、「教育勅語奉読」、校長訓話、唱歌（君が代など）斉唱、との儀式の型が定められた。それまで、単なる休日に過ぎなかった祝祭日には、教員・児童生徒の登校と儀式への参列が強制されるようになった。また、当初は「三大節」（元日、紀元節、天長節）だったが、一九二七年から「明治節」が追加され、「四大節」となった。

学校に「下賜」された「御真影」と勅語の謄本を安全に守ることが校長など管理職の絶対的な「使命」であった。地震・火事・風水害・津波や火山の噴火など、この国は今も昔も、いつ何時災害が起きるかわからない。そのときには、子どもたちの安全・生命よりも、「御真影」と「勅語謄本」を守

ることが最優先された。それらを救い出すために殉職した校長や教員が「美談」として称えられ、逆に守れなかった者は厳しい処罰を受けた。

作家・久米正雄の父は長野県上田の小学校長だったが、学校火災で「御真影」等が焼失した責任をとって割腹自殺したという。明治四二年から昭和二一年の間に二七人が学校火災から「御真影」等を守るために「殉職」した（伊ヶ崎暁生『文学でつづる教育史』民衆社、一九七四年）。

やがて、一九二〇年代以降、木造校舎から離れたところに「御真影」と勅語の謄本を納める収納庫＝「奉安殿」が設けられた。「奉安殿」だけは防火性を重視して鉄筋コンクリート造りだった。子どもたちは、毎日、その前を通るときには「最敬礼」しなければならなかった。

教育勅語が出された翌明治二四年の「小学校教則」（文部省令）第二条は「修身ノ教育ハ教育ニ関スル勅語ノ旨趣ニ基キ児童ノ良心ヲ以テ啓培シテ、其徳性ヲ涵養シ人道実践ノ方法ヲ授クルヲ以テ本旨トス」と規定された。

四年生以上の国定修身教科書の巻頭には勅語全文が収録された。とりわけ最終の六年生の場合には、趣旨の説明文があり、教師たちは授業で必ず丁寧に講釈を加え、子どもたちは暗唱しなければならなかった。こうして、学校教育を通して、「教育勅語」の精神が全国民のなかに浸透していったのである。そして、国民をあの無謀な戦争に駆り立てて行ったのだった。

（二）『教育勅語』に対する批判・抵抗

当時の国民すべてが「教育勅語」を受け入れ、歓迎したわけではない。勅語発布の翌一八九一（明治二四）年に起こったのが、内村鑑三不敬事件である。内村は当時、第一高等中学校（後の第一高等学校、東京大学教養学部の前身の一つ）の嘱託教員だった。ところが、同校の「勅語奉読式」でキリスト教徒としての良心から、他の教員・生徒のように深く拝礼せず、ちょっと頭を下げただけだった。それを、他の教員・生徒が問題にし、「不敬事件」として騒ぎたて、結局内村は依願解嘱となった。一高生徒たちの「自分たちこそ日本の将来を担っている」というエリート意識が有為な人材を教壇から追放したということもできるだろう。

自由民権運動のすぐれた理論家であり、後に「大逆事件」という「でっちあげ」によって無惨にも処刑された幸徳秋水は、『帝国主義』（一九〇一年）のなかで、「帝国主義はいわゆる愛国心を経とし、いわゆる軍国主義を緯となして、織りなされる政策」と断じて、「教育勅語」をきびしく批判した。佐藤広美・藤森毅共著『教育勅語を読んだことのないあなたへ』（新日本出版社、二〇一七年）では、明治時代に勅語に批判的な姿勢をとったと思われる人たちとして、石川啄木や島崎藤村、夏目漱石などを挙げている。

学校教育を通して勅語をたたきこまれた子どもたちも、唯々諾々《いいだくだく》とそれに従っていたわけではない。韮沢《にらざわ》忠雄は『教育勅語と軍人勅諭―こうしてぼくらは戦争にひきこまれた』（新日本出版社、二〇〇二年）のなかで、勅語を暗唱させられた自らの体験を次のように述べている。

むずかしい言葉が多くて意味はよくわからないので、休み時間になると、「チン」と鼻をかむまねをし、「おもうに」と腕組みをして、「わがコソコソ」といって友達のわきの下をくすぐる。相手は「やったな！」といって追いかけてくる、といった遊びをしていた。

これはまだおとなしい方で、新潟県白根市の小学校では男子児童は次のような歌を歌っていたという。

「朕がうっかり屁をこいた。なんじ臣民臭《くさ》かろう。国家のためにがまんしろ」（岩本努『教育勅語の研究』民衆社、二〇〇一年）

なんとなく教育勅語の核心をいいあてたような歌で、こういうところにもあらわれているように、当時の子どもたちはうわべは先生のいう通りにやっていたが、内心はかたくるしい儀式や勅語の暗唱にいや気がさしており、休み時間にはせめてこうしてふざけることで解放感を味わっていたのであろう。

三　戦後、『教育勅語』はどうなったか——衆参両院で「排除」・「失効確認」決議

一九四五（昭和二〇）年八月一五日、日本はポツダム宣言を受諾して、連合国に無条件降伏をした。ポツダム宣言は、①日本を戦争に導いた勢力の除去、②民主主義的傾向の復活・強化、③言論、宗教及び思想の自由、基本的人権の尊重などを規定した。教育勅語がその命運を終えたことは明白だった。しかし、敗戦は直ちに日本の政治権力の交代を意味しなかった。教育勅語にしがみつこうとする旧勢力が依然として力をもっており、真に日本の民主化を求める動きとのはざまで、勅語はしばらく翻弄されることととなった。

一九四六年三月、文部省は「国民学校令」を改正し、「学校儀式での勅語奉読の義務づけ」と「教

育は勅語の趣旨に則る」との項を削除した。しかし、勅語の謄本は依然として学校に保管されており、儀式の際、「奉読」する学校もあった。教育勅語そのものは大切なことが述べられているとの容認論がある一方で、新しい勅語の制定を求める議論も起きてきた。とはいえ、主権在民の新しい憲法の制定作業が進むなかで、教育勅語をそのままにしておくことは許されない。四六年一〇月六日、文部次官名で「勅語及詔書等の取扱について」との通牒が出された。そこで、やっと学校の儀式で勅語を読まないことが明示されたのである。

やがて、日本国憲法が制定・公布され（四六年一一月三日）、その趣旨をふまえた教育基本法が公布・施行された（四七年三月三一日）。「教育勅語」がそれらと相容れないことは明白だった。しかし、「教育勅語」に引導を言い渡したのは、GHQ（連合国軍最高司令官総司令部）の上級機関・極東委員会の四七年三月二七日の「勅語・詔書は教授・研究あるいは学校における儀式のよりどころとして使用されるべきでない」との決定だった。

こうした経過を経て、ようやく一九四八（昭和二三）年六月一九日、衆参両院の本会議で勅語の「排除」・「失効確認」の決議が満場一致で採択されたのである。

四　許せない『教育勅語』の復活

（一）「学校教育の場で使ってはならない」

衆参両院の「排除」・「失効確認」の決議によって、「教育勅語」問題は終止符を打たれた。勅語に郷愁を覚える保守的な政治家は結構いたけれど、政府も文部省（二〇〇一年に「文部科学省」と改称）も「勅語問題は決着がついている」「学校教育の場で使用してはならない」との態度を一貫してとってきた。一、二の実例を挙げておく。

一九八三（昭和五八）年の「建国記念日」に島根県のある私立高校が「勅語」を「奉読」していたことが問題になった。日本社会党（当時）の本岡昭次議員の追及に対して、政府側は次のように答弁した。

「昭和二二及び二三年、教育勅語を朗読しないこと、また衆参両議院でもそういう趣旨のことを決議されております」（瀬戸山三男文部大臣）

「教育勅語の扱いにつきましては、学校という公の教育を行う場におきまして教育活動の中で取り扱ってはならないということは、学校を経営する者はわかっているはずのもので……」（鈴木勲文部省初等中等局長）

最近の事例では、二〇一四（平成二六）年四月、安倍首相の側近で「改憲」推進役をしている下村博文文科相（当時）が、

「教育勅語の中身そのものについては今日でも通用する普遍的なものがあるわけでございまして、この点に着目して学校で教材として使う、教育勅語そのものではなくて、その中身ですね、それは差し支えないことであるというふうに思います」

と、勅語の使用を容認するがごとき、とんでもない答弁をしたことがあった。このときは、直後に日本共産党の宮本岳志議員が追及し、「教育勅語そのものを教材として使うということは考えられな

い」（前川喜平初等中等局長）との答弁を引き出して決着した。

（二）火種は「森友学園」問題

二〇一七（平成二九）年、政府答弁が一変した。きっかけは「森友学園」疑惑である。学園が大阪の豊中市に建設しようとしていた「瑞穂《みずほ》の國記念小学校」（当初は「安倍晋三記念小学校」）が国有地を八億円も値引きして取得するという破格の扱いを受けていたことが明るみに出たことが発端である。やがて、森友学園が経営していた「塚本幼稚園」で園児に教育勅語を暗唱させていたことが明らかになった。この学園について、安倍前首相は、当初、「良い教育をやっていると妻から聞いている」と国会で答弁した（安倍昭恵首相夫人が同小学校の名誉校長に就任していた）。

こうして、二〇一七年の通常国会は、国有地の破格の値引き疑惑と併せて、園児に勅語を暗唱させることの是非が議論されることになった。そうしたなかで、安倍内閣は従来の答弁を覆し、教材として使用することを容認するに至った。

「憲法や教育基本法に反しないような形で教育勅語を教材として用いることまでは否定されないと考える」（二〇一七年三月三一日付け、政府答弁書）

このニュースに私は開いた口がふさがらなかった。なぜなら、憲法や教育基本法に反するからこそ、衆参両院の本会議で満場一致、「排除」「失効確認」の決議があげられたのである。そして、いくら時間が経過しようとも、その決議は政府を拘束しているはずである。だから、歴代内閣や歴代の文相・文科相も個人的には勅語に郷愁を感じていたとしても、「教材として使うことは許されない」との見解を踏襲してきたのだ。

ここには、国会の多数にあぐらをかいて、歴代内閣が「平和憲法のもとでは許されない」としてきた集団的自衛権を一片の閣議で覆す政治手法があらわれている。「戦後レジュームからの脱却」を目指す安倍前首相は、「戦前の日本への回帰」、そして『教育勅語』という亡霊の復活をも目指そうとしたのだ。

私たちは、このような歴史の逆行を断じて許すことはできない。

おわりに――「勅語」の復活を許さないために

『教育勅語』の復活という歴史の逆行を許さないために、私たちは、何をなすべきだろうか。

かつて、中学・高校で使われた文部省著作の教科書『民主主義』は「政治によってゆがめられた教育を通じて、太平洋戦争を頂点とする日本の悲劇が着々と用意されていったのである」と厳しい反省の言葉を述べていた。この項を書いた人は、おそらく『教育勅語』も念頭にあったことだろう。

すでに述べたことだが、歴代自民党内閣も、さすがに教育勅語については、「学校で使用することは許されない」とする見解を長らくとってきた。ところが、安倍内閣は、これを覆す閣議決定を行ったのである。それは、政府の強権解釈でもって、「黒」を「白」と言ってごまかし通そうとする、問題の「もり・かけそば」=「森友学園」や「加計《かけ》学園」問題にも通底している。国会の多数にあぐらをかいた、民意無視の傲慢な政治姿勢と言わざるを得ない。

しかし、「奢《おご》れる者ひさしからず」。暴走とおごりに徹し、己を顧みようとしない者に未来はない。歴史学習のなかで、あるいはさまざまな成人の集まりのなかで、『教育勅語』がどういう意図でつくられ、どういう役割を果たしてきたのか、なぜ戦後、衆参両院の本会議で満場一致、「排除」「失効確認」の決議がなされたのか等々について、しっかり学ぶことが求められている。

〔参考文献〕

山住正己『教育勅語』朝日選書、一九八〇年
高嶋信欣『教育勅語と学校教育—思想統制に果たした役割』岩波ブックレット、一九九〇年
荻沢忠雄『教育勅語と軍人勅諭—こうしてぼくらは戦争にひきこまれた』新日本出版社、二〇〇二年
佐藤広美・藤森毅『教育勅語を読んだことのないあなたへ』新日本出版社、二〇一七年
岩波書店編集部編『教育勅語と日本社会』岩波書店、二〇一七年
長谷川亮一『教育勅語の戦後』白澤社、二〇一八年

コラム4

国民の主権者意識と歴史認識

成瀬龍夫

一　新憲法と主権者教育のスタート
―「修身、国史、地理」に代わり総合的な社会科教育が登場―

わが国は、アジア・太平洋戦争に国民を総動員し、甚大な惨禍を引き起こして敗戦した。他方、憲法が変わり、国民は初めてこの国の主権者となった。これら二つの出来事は、国民の意識の変革を迫り、学習・教育上の国民的課題を生じせしめたといってよい。

その一つは、学校、地域、家庭、公共の場で持続的に国民の主権者意識を育てることである。もう一つは、苦い歴史的教訓を学び、二度と戦争せず他国民との恒久平和を共有する意識をはぐくむことである。政府をはじめ全国の地方自治体、学校が先頭に立ってこれらの課題に取り組んだ。マスコミ業界や文化団体も戦前の反省を踏まえて、さまざまな役割を果たしてきた。

国民の主権者意識を育てる教育は、新憲法下でどのような道をたどっただろうか。

戦前の日本社会には、国民の主権者形成教育のようなものはなかった。天皇主義の国体一色で、あるといえば「教育勅語」のような臣民教育であり、学校では型にはまった修身、国史、地理が教えられた。

敗戦後の日本は、それらを排して、新憲法による国づくりの担い手となる主権者づくりに着手する必要があった。連合国占領軍として日本の教育改革に着手したCIE（民間情報教育局）は、修身、国史、地理に代わる総合的な教科として「社会科」（Social studies、当時アメリカで流行っていた市民育成教育）を導入した。この「社会科」は、CIEの意図をはるかに超えて、「戦後の民主主義教育のシンボル」とまでいわれるような改革のキーワードとなった。

しかし、日本が一九五二年のサンフランシスコ条約で独立した後、教育の反動化が強まり、社会科はその目標や使命が曖昧になっていく。

第一に、一九五〇年代後半に、社会科を総合的な位置に置かず、それを分離、解体しようとする議論が現れた。しかし、教育関係者の反対と抵抗で分離・解体論は進まなかった。

第二に、一九六〇、一九七〇年代の中教審答申や学習指導要領はわが国を取り巻く環境として国際化と情報化を重視し、社会科系の教科の主たる役割はそれに対応するものであることが強調されるようになった。他方、七〇年代には社会科教育の課題として「公民的資質」の問題がクローズアップされ、中学校社会科では公民的分野の目標に「国民主権を担う公民」ということが明記されるようになった。この間の経緯について梶は次のように述べている。

「いうまでもなく、わが国の教育は、日本国憲法の成立までは、国民主権の考え方と無縁であった。したがって、国民主権にふさわしい国民の育成ということは戦後の教育の重要な課題であったといってよい。とりわけ、社会科がこの課題に対して、直接的にかかわりをもつ教科であることは明白である。しかしながら、従来の政治・経済・社会的分野の目標には、この観点が明らかにされていなかった。そこで公民的分野は、目標においてこの点を明確にし、この分野の性格をはっきりさせたのである」（梶哲夫「現代における社会科教育の課題―公民的分野―」『社会科教育研究』三四号、一九七三年）。

第三に、一九八七年には、教育課程改訂の際、小学校一・二年生の社会科と理科は生活科となり、三年生以上と中学校はそのままに「社会科」を存続させた。ところが、高等学校の社会科については解体して『地理歴史科』と『公民科』に再編成することになった。これによって高等学校では「社会科」は姿を消した。こうした急激な措置に対する文部省からの十分な説明はなかった（その裏事情についてはコラム5を参照）。

「社会科」は、主権者教育としては棚ざらしにされてきた感があるが、政府・文部省が勝手気ままに科目内容を統制してきたわけではない。政府の立場としても、社会科が担ってきた主権者教育の役目をまったく放棄するわけにはいかない。わが国が憲法に規定された国民主権の国である以上、日本国民は憲法に書かれた人権や自治、民主主義、平和の概念などを理解し自覚した存在であってほしい。

ただ、わが国では主権者教育とは何か、公民的資質とは何かが曖昧にされてきた面がある。現在に至るまで、それは憲法を身につける教育か、政治的リテラシー教育か、国民の社会参加を育てる教育か、軸が揺れ動いている。

二　反戦平和運動と歴史教育

戦後のわが国では、国民の階層、地域を問わず反戦平和の運動が広範に繰り広げられてきた。それだけ、戦争の被害が甚大で国民の反戦平和の意識が強いことが基礎にあるといえるが、同時に戦後は被爆国でありながら日米安保体制下での核兵器の配備の不安にさらされ、沖縄はサンフランシスコ講和条約後も占領され、返還による占領解除後も広大な米軍基地が温存された。再軍備で自衛隊がつくられると憲法九条の解釈の変更や改憲による九条廃止の動きまで、平和を脅かす情勢が止むことなく続いてきた。

こうしたことから、反戦平和の問題は、一方で政治的対立をはらみながら、人権問題同様に「超党派」でその重要性が認識される国民的課題となってきた。また、平和運動は学校や地域で活発な平和教育を促し、大衆的な平和教育は原水爆禁止運動をはじめとする日本の平和運動に大きなエネルギーを補給した。

平和教育の中心の一つになったのは学校である。平和教育は、学習指導要領での学校教育としての位置づけが明確であり、学校での自主的で多様なカリキュラムが認められてきた。具体的には正課授業、見学活動、戦跡巡り、戦争体験者の講話、国際交流活動、ボランティア活動、平和集会の企画など、多彩な内容と形態で行われている。

しかし、日本の平和教育は矛盾をはらみながら展開されている。学習指導要領では、「日本国憲法の平和主義について理解を深め」させるとしながら、他方では、「我が国の安全と防衛及び国際貢献について考えさせる」というかたちをとっている。

三　歴史教育の発展を阻むジレンマ

戦後の日本の歴史教育は、国民の意識が戦前の教育を受けたままの状態から完全に切り替わらない状態で歩むことになった。その理由は、日本の侵略戦争に対する国民自らの総括の機会がなかったことだろう。連合国による極東軍事裁判（東京裁判）は、多分に日本人が自分の意見をもたないままの傍観者で過ごすという側面があった。これは、その後の国民の天皇制をめぐる評価の曖昧さの一要因にもなったし、朝鮮などの旧植民地に対する反省と謝罪を明確にすることもなかった。これらのことがその後、加害者意識に薄く被害者意識だけが強いといわれる国民の意識状況を温存することになる。

日本の歴史教育を評価するには、次のような国際比較を見ることが適切だろう。

アメリカのスタンフォード大学アジア太平洋研究センターの学者たちが、二〇〇八年に歴史教科書の国際比較（『分断された記憶と和解』）の結果を発表した。それはひと口でいえば、韓国はファンタジー、中国はプロパガンダ、日本はヒストリア（史書の意味）といえるものであった。すなわち、韓国は他国に無関心で自己中心、もっぱらナショナル・アイデンティティの形成に焦点を当てている。中国の教科書はまったくのプロパガンダで、愛国心を煽り、非常に政治化されている。それと比較して、日本の教科書は戦争を賛美せず、愛国心を煽らず、最も公正で抑制的であるとされた。研究チームの主要メンバーであったピーター・ドウス名誉教授は、読売新聞への寄稿で、日本の教科書に対しては、太平洋戦争の開戦責任、植民地や占領地でもたらした苦難などに十分な注意が払われていないとして、長いあいだ海外マスコミでは悪評が大きかったが、この調査では、そうした批判は間違いであることを明らかにした、という。戦争をたたえることも、軍隊の重要性を強調することも、戦場での英雄行為を語ることもない。「物語的な叙述をほとんど省いた出来事の年代記」である。しかし、それを通じて、軍国主義拡張の愚かさや、戦争が市民に甚大な犠牲を押しつけることを暗黙の教訓として示しており、こうした背景には戦後日本が軍事力の保持を拒み、平和教育に真剣に取り組んできたことがある、とのべている（「読売新聞」二〇〇八年一二月一六日）。

このように、日本の教科書の客観的史実性が高く評価されていることに、日本人自身が自信をもってよいだろう。しかし、問題も少なくない。

第一に、教科書検定では歴史修正主義の餌食にされ、一九三〇年代の日本の中国侵略は「事変」「侵出」「進出」といった表現に修正され、南京事件も叙述が簡略化されることになった。これらは中国側の激しい抗議を招いた。このように国際的には理解されないばかりか、新たに緊張を高める問題が増えている。

第二に、日本の歴史教育は、近現代史が軽視されているという批判が根強く存在している。それは、割かれる授業時間が少ないこと、受験勉強優先で授業がその影響をうけがちであること、などである。受験勉強の「一点正解」主義の影響といってよいが、生徒自身の〝情報収集〟と〝考察〟〝問題発見〟を排除し、お仕着せ的詰め込み教育が蔓延している。ただし、二〇二二年度から実施される高等学校の新教育課程では、地理歴史科に新しく近現代史を中心とする「歴史総合」が設けられ、必修となる。また、選択科目として「日本史探求」「世界史探求」が設けられる。

四　一八歳選挙権と若者の政治離れ

主権者教育に関連して近年注目されたのは、二〇一六年から施行された一八歳選挙権をめぐる動きである。

二〇〇七年時点で世界の一八六カ国中、一六二カ国で一八歳選挙権が保障されており、日本は後進国であった。総務省はこの一八歳選挙権の導入に際して「常時啓発から主権者教育へ」というキャンペーンを行い、若者の投票率の向上を期待した。「ブーム」が起こるかと思われたが、二〇一九年の参議院選挙の一八歳と一九歳の投票率は三一・三三%で、前回三年前の選挙の確定値と比べて一五・四五ポイント低くなった。結局、キャンペーンは選挙制度の宣伝に終わり、青年の主権者意識を高め国政参加を促す政治的効果はなかった。

そもそも日本の高校生たちの「政治離れ」が起こった主な原因は、一九六九年に文部省が政治活動を禁止した通達「高等学校における政治的教養と政治的活動について」（六九通達）にあるといわれている。一八歳選挙権の導入とかかわって、その「見直し」が求められた。二〇一五年一〇月の文部省ヒアリングに対して、全国高等学校ＰＴＡ連合会は次のような基本認識を表明した。

「通達以降、主権者教育は後退の一途をたどった。行政も学校・教員も政治的中立性を意識するあまり、学校における政治的教養の陶冶という優先的課題を事実上封印してしまった。つまり主権者教育の責任は政治経済・現代社会・公民などの一部の教科・科目の役割に矮小化され、……この結果、日本国民の多くは現在まで半世紀近くにわたって、政治的教養の基礎となる一部の限定的な知識を習得するだけで有権者となってきたのであり、いわば政治的教養の貧困な有権者が大量に生み出されてきたのである。この歴史こそが『民主主義の危機』と喧伝される今日の状況をもたらした主因ではないだろうか」

「教育の連続性や基本的人権の普遍性に照らせば、選挙権以外の政治的権利は高校生すべてに一律保障すべきであると考える。同時に高校生と大人との間にも権利上の差別があってはならない。高校生だからという理由で高校生の政治的権利・政治活動を制限することは論理的根拠を持たないであろう。選挙権が付与された時点で、私たち大人は高校生を同格の政治的仲間として迎えたのであり、彼らを『未熟な若者』として見下したり、保護と引き換えに権利を抑制したりすることは許されない」

しかし、文科省の「新通知」では「容認」「解禁」とはならなかった。

（以上は、石埼学・猪野亨・久保友仁・菅間正道・野見山杏里・宮武嶺『投票せよ、されど政治活動はするな!?　一八歳選挙権と高校生の政治活動』社会批評社、二〇一六年、参照。および新藤宗幸「『主権者教育』を問う」岩波ブックレット　No.953、二〇一六年、参照。）

投票率の低さと政治離れ現象を起こしている日本の青年たちの姿勢をどう変えるか。EU、とりわけスウェーデンで推進されている「若者政策」が注目を浴びている。公的選挙制度をもっと若者の利用しやすい仕組みに改革するという課題にとどまらず、若者の社会参画の機会を幅広く開発しようとするのが若者政策のねらいである。

海外から日本が学ぶポイントはたくさんある。しかしまずやらなければならないのは、政治活動を禁止しておいて投票だけに行け、というような行政姿勢や政治姿勢を改めることである。そうでないと、「政治的中立の名の下に主権者教育は崩壊する」（前掲）ことが危惧される。

五　主権者教育と平和・歴史教育の新たな活性化を

すでに指摘したように、わが国では主権者教育とは何かが曖昧で、憲法を身につける教育か、政治的リテラシー教育か、国民の社会参加を育てる教育か、がいつも揺れ動いている。いずれも重要であるが、基本となるべきは憲法教育だろう。主権者教育は憲法を暮らしに生かす教育にあること、社会の変化とともに人権教育の重要性が高まっていること、学校教育で主権者形成を総合的に担うのが社会科の科目であることを、もう一度確認し、国民的な合意にすべきだろう。

平和・歴史教育のあり方については、戦後の教育の経験と教訓を踏まえて検討されなければならない。平和学習では、〝悲惨さ〟を訴えるだけでは限界があることが指摘されているし、逆に子どもへの〝トラウマ回避〟を名目にして悲惨さを薄めることやタブーをつくるようなことも正しくないという反省がなされてきている。歴史教育では、〝正答主義〟の限界も指摘される。また一方では、歴史教育は平和教育と相互に連携しあう関係を取り入れていく必要がある。他方、子どもたちの自主的な情報収集や問題発見能力を培う教育環境を設定していく必要があるだろう。

第八章　これはひどい歴史修正主義の教科書

山田　稔

はじめに

「新しい歴史教科書をつくる会」編集の中学校用歴史教科書については、アジア諸国から厳しい批判や抗議が寄せられ、深刻な外交問題にまで発展してきた。国内においても、歴史学者や歴史教育関係者はいうに及ばず、各方面の広範な人たちから厳しい批判が寄せられた。抗議や批判の主な点は、近現代史におけるアジア近隣諸国への侵略行為の隠蔽であり、太平洋戦争肯定であり、神話の復活であり、明治憲法礼賛、日本国憲法を「押しつけられた憲法」として否定的に描いていること等々である。これらの諸点がすべて、当然の指摘であったことはいうまでもない。

私は、中学校の歴史教科書については、次の諸点が大切だと考える。

①中学生に必要な基礎的教養としての歴史的事項をきちんと記述していること。

②これまでの歴史研究が明らかにした史実を踏まえていること。

③記述が公正、公平であること。
④日本国憲法に基づく主権者育成をめざし、平和と民主主義、人権尊重の理念に基づくこと。
二〇〇六年、「新しい歴史教科書をつくる会」は内部抗争によって分裂し、扶桑社版（育鵬社発行）と自由社版のほぼ同じ内容の二種類の教科書が検定を通り、採択を求めて運動してきた。その自由社版の『新しい歴史教科書』（二〇一一年度検定）と、少し古いが、手許の日本書籍（二〇〇一年度検定）版の『わたしたちの中学社会』（歴史的分野）について、同一項目ないし関連項目の比較・検討を行った（以下、「実線の囲み」は自由社版、「点線の囲み」は日本書籍版からの引用）。

一　民衆の生活の様子、そのおかれた状態、暮らしぶりなどについて、きわめて冷淡である

（一）ほとんどの教科書が紹介している奈良時代の民衆のおかれた状態を端的に表す史料である山上憶良の『貧窮問答歌』を自由社版は無視している。
（二）江戸時代の歴史学習で欠かすことのできない「ききんと百姓一揆」の記述は極めてお粗末である。

自由社版は

百姓は年貢を納めることを当然の公的な義務と心得ていたが、不当に重い年貢を課せられた場合などには、百姓一揆をおこしてその非を訴えた。幕府や大名は、訴えに応じることもしばしばあった。

（自由社版）

と書いている。百姓一揆の首謀者は、その家族ともども磔《はりつけ》にされた事実を無視。「百姓は年貢を納めることを当然の公的な義務と心得ていた」とか、「幕府や大名は、訴えに応じることもしばしばあった」などと、歴史的事実に反する極めて一方的な断定をおこなっている。

（三）戦前の日本社会理解の上で欠かすことのできない地主―小作制度について記述していない。自由社版は戦前の日本社会のなかで大きな影響力をもっていた寄生地主制についてまったく記述がない。これでは子どもたちが戦前の社会を正しく理解できるはずがない。

（四）戦後、人々の暮らしや日本社会のあり方が大きく変わったことを示す「民主化の進展」についてもきちんと記述していない。

自由社版では、「戦後の民主化」を独立した項目として設けておらず、民主化の進展を極めて軽視している。これでは、戦前の日本社会と戦後の社会との根本的な違いを子どもたちが理解することはできない。ここにも、この教科書の執筆者たちの戦前の日本社会をよしとする歴史観があらわれている。

二　暮らしを守り、生活を高めるための民衆のたたかい、日本の歴史を推し進めてきた民衆の役割について、意図的に軽視ないし無視している

（一）鎌倉時代の農民のくらしにかかわって、他社の教科書で必ずとりあげている「紀伊国阿氐《あて》河荘農民の訴状」を取り上げていない。

日本書籍版では、「歴史を考える」とのシリーズで、有名な片仮名書きのたどたどしい紀伊国「阿氐河荘の荘民の訴え状」を一ページをとって全文を写真と解説入りで紹介している。自由社版では、このような記述も史料の紹介もない。

（二）室町時代の有名な「正長の土一揆」と「一揆勝利の碑」も記述していない。

日本書籍版では、「民衆が立ち上る・土一揆」と題して、次のような記述がある。

> 一四二八（正長元）年、近江（滋賀県）の馬借や京都周辺の村々の農民が京都に入り、借金を帳消しにする徳政を幕府に要求し、酒屋や土倉をおそって借金証文を焼き捨てた。このような土民（農民）の集団的な動きを土一揆とよんだ。（日本書籍版）

そして、「一揆勝利の碑」として、「正長元年ヨリサキカンへ四カンカウニヲイメアルヘカラス」と

刻まれた、奈良市柳生に残る有名な地蔵岩の碑を写真入りで紹介している。

ところが、自由社版は、一揆のことも詳しく記述せず、「一揆勝利の碑」の紹介もない。

（三）現行教科書のほとんどが掲載している江戸時代の百姓一揆の件数の推移（グラフ）を掲載していない。

自由社版の「田沼時代」の項には、次のような記述がある。

> 一七八三年、浅間山が噴火して気候不順となり、天明の飢饉がおこって多数の人々が餓死した。百姓一揆が多発し、田沼はその責任を問われて辞任した。
>
> （自由社版）

百姓一揆や打ちこわしについてこれ以上の記述は無い。幕府や大名の苛酷な収奪が江戸時代に度々飢饉が起きた根本的な要因であったのに、「浅間山の噴火による気候不順」が主な原因であるかのような記述は大変問題である。

（四）幕末（慶応）の世直し一揆・打ちこわしについても、まったく記述していない。

日本書籍版では［幕府がたおされる・世直し行動］の項で、次のように記述している。

> （前略）そこで、農民たちは各地で一揆に立ち上がり、都市の民衆は打ちこわしをおこした。その件数は、一八六六（慶応二）年に江戸時代で一番多くなった。こうした民衆の行動で幕府政治の土台は大きくゆれ動いた。
>
> （日本書籍版）

と述べ、「江戸の打ちこわし」と題して、『幕末江戸市中騒動記』の一ページを紹介している。

ところが、自由社版では、これに関した記述はまったくない。江戸幕府が倒れた根本的な要因は、民衆の一揆や打ちこわしが「幕府政治の土台」を掘り崩したからである。「慶応の世直し一揆や打ちこわし」についてまったく記述しない教科書は他に例がない。民衆のたたかいが幕府滅亡の根本的な要因であったことを隠蔽しているのである。これでは「主権者にふさわしい歴史観」を培うことはとうていできないだろう。

（五）自由民権運動の記述はきわめて表面的で、お粗末である。一万人の民衆が蜂起し、軍隊を出動させてようやく鎮圧した日本近代史上最大の民衆蜂起である秩父事件をはじめ「民権左派の決起」と呼ばれている一連の事件を完全に無視ないし軽視している。

三　それぞれの時代における諸階層間の対立関係、階級対立を意図的に隠蔽し、相互依存関係、持ちつ持たれつの関係にあったと恣意的に述べている

（一）日本書籍版では、「縄文人のくらし」の項で「貧富の差はまだなく、むらの人は協力して仕事をおこなった」と記述しているが、自由社版には、こうした記述は見られない。
（二）弥生時代に入って「稲作がはじまる」なかで、日本書籍版では、「支配する者とされる者とのちがいがでてきた」「人々の間に貧富の差が生まれた」と記述している。ところが、自由社版はこう

した歴史の重大な変化を無視している。

（三）平安時代の「武士のおこり」を、新しい階級の発生としておさえていない。

四　神武天皇以来の「万世一系の天皇」がこの日本を一貫して統治してきたとして、天皇を賛美している

（一）自由社版は、「神話が語る国の始まり」と題する見開き二ページの特集を掲載。「建国記念の日」は「神武天皇が即位したとされる日付を太陽暦に換算したもの」であると、さも歴史的事実であるかのように記述している。

（二）太平洋戦争が、天皇の名による米英両国への宣戦布告の「大詔」発布によって始まった事実は隠蔽し、「昭和天皇の聖断」によって戦争が終結したことだけを大きくとりあげている。太平洋戦争の開始に際して、天皇の詔勅―「開戦の大詔」が出された。翌年の一月からは、毎月八日が「大詔奉戴日」と定められ、全国の学校では子どもたちが集められて式典まで行われ、「戦意の高揚」が図られたのは、厳然たる歴史的事実である。そうした事実は全く記述せずに、戦争の終結だけを「天皇の聖断」として大きく取り上げることは、あまりにも恣意的だと言わざるを得ない。

（三）「人物クローズアップ」で、まる二ページをとって「昭和天皇」を「国民とともに歩まれた生涯だった」と礼賛している。

五　大日本帝国憲法を「アジアで最初の近代憲法」と礼賛し、日本国憲法は「占領軍に押しつけられた憲法」として否定的に記述している

（一）「五箇条の御誓文」について

> 議会を設置し、公議世論に基づいて政治を行うこと、言論活動を活発にすることなどがうたわれ、これによって（中略）近代的な立憲国家として発展していく道すじがきりひらかれた。
>
> （自由社版）

と記述している。さらに「アジアで最初の成文憲法」の項を「五箇条の御誓文は、その第一条で立憲政治の確立を国の根本方針として宣言した」との記述で始めている。これらはいずれも歴史の真実を欺くものである。

（二）自由民権運動が、人民が主人公の新しい国づくりをめざした歴史的事実を隠蔽し、大日本帝国憲法を礼賛している。

自由社版の「政府と民間の憲法準備」の項に次のような記述がある。

> 条約改正と近代国家建設のために、憲法と国会が必要であると考える点は、明治政府も自由民権派も違いはなかったが、自由民権派は早急にことをすすめようとし、政府は慎重にすすめようとしていた。
> （自由社版）

これは、民衆が自分たちで憲法を作ろうとしたこと（「人民主権」）と、国民には一切秘密に、天皇が授けようとした（「欽定憲法」＝「天皇主権」）との根本的な対立関係を隠蔽し、歴史を大きく歪曲するだけではなく、「早急にことをすすめようとした」民権派よりも、「慎重にすすめようとした」明治政府の方が正しかったと、歴史の真実をねじ曲げ、天皇主権の帝国憲法制定を合理化する論理である。

（三）民間の憲法草案についても、恣意的な記述を行っている。

自由民権運動の高まりのなかで、「私擬憲法」と呼ばれる民間の憲法草案が多くつくられ、その数は六〇近くにのぼっている。これは、欧米諸国にもその例を見ないもので、民衆の自治意識・主権者意識の高まりとともに、自由民権運動がいかに国民的な規模で繰り広げられたかを示している。

ところが、自由社版では、私擬憲法については次のように記述している。

> 地方の志ある人々の中には、自分たちで外国の文献を研究し、憲法草案をつくるグループもあらわれた。これら民間の憲法草案は、一般国民の向学心と知的水準の高さを示すとともに、国民の強い愛国心をあらわすものであった。
> （自由社版）

民間の憲法草案は、そのほとんどが自由と民主主義、人民が主人公の国づくりをめざしたものであったことには目をつむり、自分たちの都合のいいように記述しているのである。

(四) 日本国憲法の制定過程について、自由民権運動のなかで作成された民間の憲法案をもとに、戦後「憲法研究会」などが独自の案を作成しており、GHQがそれらを参考にした歴史的事実は無視し、ことさらに「押しつけ憲法」であることを強調している。

日本書籍版は、「憲法の制定」の項で次のように述べている。

> 民主化の最大の焦点は憲法の改正だった。GHQは日本政府に改正案の作成を命じたが、政府の改正案の内容があまりに保守的だったため、日本の民間研究団体の案なども参考にしながら、自身の手で憲法草案をまとめた。これをもとに国会で審議し、一九四六(昭和二一)年一一月三日に日本国憲法が公布された(翌年五月三日施行)。
>
> 新しい憲法は、国民主権、基本的人権の尊重、戦争を放棄し戦力をもたないことなどを特徴としていた。また旧憲法では、国の主権者であった天皇の地位は象徴に変わり、天皇自身も一九四六年に『人間宣言』を発表して、天皇が神であるという考え方を否定した。
>
> (日本書籍版)

ところが、自由社版は、「日本国憲法」の項で次のように述べている。

GHQは大日本帝国憲法の改正を求めた。日本側では、すでに大正デモクラシーの経験があり、憲法に多少の修正をほどこすだけで民主化は可能だと考えた。しかし、GHQは一九四六年二月、僅か一週間でみずから作成した憲法草案を日本政府に示して、憲法の根本的な改正を強くせまった。（自由社版）

政府が天皇主権の帝国憲法に固執したこと、GHQはやむを得ず、戦前の自由民権運動の伝統を受け継いだ憲法研究会の「新憲法草案要綱」などを参考に憲法草案を作成した歴史的事実を一切無視している。その上で、ことさらに、現憲法が占領軍の「押しつけ憲法」であるとの印象を子どもたちに持たせようとしているのである（「押しつけ憲法」論についてはコラム6参照）。

（五）「教育勅語」について、「近代日本人の人格の背骨をなすものとなった」と恣意的に肯定している（教育勅語については第7章参照）。

六　全体として、天皇中心、為政者中心の歴史叙述となっている

天皇や時の為政者をことさらに美化・擁護し、彼らにとって都合の悪いことは叙述しないという恣意的な姿勢で貫かれている。

（一）「太閤検地と刀狩」について、農民の激しい抵抗を押しつぶして強引にすすめられ、農民への

支配を強めた歴史的事実を無視し、肯定的に記述している。
（二）日露戦争について、コラム欄で「日露戦争をたたかった日本人」と題する見開き二ページの特集を組みながら、国内の反戦論については一切記述していない。
（三）社会民主党の結成や大逆事件について、一切記述していない。
（四）関東大震災に際して数千人の朝鮮人や多数の中国人、社会主義者などが虐殺された事実は黙殺している。
（五）日本の近代史を治安維持法抜きに語ることはできない。日本書籍版では、本文の四カ所で治安維持法に言及している。ところが自由社版では、「脚注」で触れるのみという、まさに「臭いものには蓋をする」態度をとっている。

七　近現代史におけるアジアへの侵略の歴史を正当化し、かつての太平洋戦争を「大東亜戦争」＝アジア解放のための戦争として肯定している

この点については、すでに各方面からるる指摘されており、これ以上の詳述は避ける。詳しくは後掲の「参考文献」を参照されたい。

結　論

以上のとおり、自由社版教科書は、戦後半世紀以上に及ぶ歴史学研究の成果を無視し、国民こそが国の主権者であり、歴史の主人公であるという日本国憲法の精神（例えば、「この憲法が日本国民に保障する基本的人権は、人類の多年にわたる自由獲得の努力の成果であって……」憲法九七条）を完全に否定するものである。まさに憲法違反の教科書といわざるを得ない。

「新しい歴史教科書」と銘打って仰々しく宣伝しているが、その内容はまさに戦前の国定教科書、皇国史観にたつ教科書の復活版というべきものである。「新しい」内容はほとんどなく、時代錯誤の内容を、資料や図版、編集の工夫で「新しく」見せかけているにすぎない。

この教科書の執筆者たちは、従来の歴史叙述を「自虐史観」と揶揄《やゆ》し、「自国の歴史に誇りを持て」と叫んでいるが、彼らこそ、日本の歴史を営々と築いてきた日本人民の努力やそのたたかいを冒涜《ぼうとく》し、誇りを傷つけているのである。彼らが立脚している基本的な立場は、大日本帝国憲法肯定、日本国憲法の基本的理念否定の憲法違反の教科書といわざるをえない。

まさに「歴史修正主義」の本質を露呈しているといえるだろう。

〈付記〉「新しい歴史教科書をつくる会」のその後

「新しい歴史教科書をつくる会」が会の内部抗争によって、「自由社」と「育鵬社」（「扶桑社」の一〇〇％子会社）に分裂したことは、冒頭に述べた。その後の動きについて、補足しておきたい。

「つくる会」は、日本会議ならびに自由民主党、歴史修正主義に賛同する保守派の地方議員などを動員して、各都道府県や市町村の教育委員会に働きかけ、自分たちの教科書の採択を求めてきた。その結果、一部の私立学校だけでなく、東京都立の中高一貫校や障害児学校、同じように愛媛県立学校、横浜市立中学校などで採択されてきた。二〇一五年の採択では、扶桑社版が歴史と公民でそれぞれ数パーセントの採択率を占める状況であった。

その一方、「現場の教員、ＰＴＡ、教育委員、歴史学者、アジア女性センター、〝人間と性〟教育研究協議会などの市民団体が『歴史修正主義の教科書だ』『戦前の軍国主義肯定だ』などと反対運動」（Wikipedia）を粘り強くすすめてきた。

その結果、「つくる会」系の教科書の採択はだんだん減ってきた。二〇二〇年度の場合でいえば、東京都や横浜市が不採択を決め、公立学校の採択は大幅に減少した。育鵬社版は歴史分野が前回の六・四％から一・一％へ六分の一、公民分野は五・八％から〇・四％へ一二分の一に激減した。

画期的なことは、自由社版の「新しい歴史教科書」が「欠陥が著しく多い」として、文科省の検定において不合格になったことである。このままでは、おそらく自由社は「採算が取れない」状況で、いずれ教科書出版から撤退せざるを得なくなるのではないかと思われる。

〔参考文献〕

小森陽一他編『歴史教科書・何が問題か―徹底検証Q＆A』岩波書店、二〇〇一年

子どもと教科書全国ネット21『こんな教科書、子どもにわたせますか』大月書店、二〇〇一年
俵義文『あぶない教科書ｎｏ！――もう二一世紀に戦争を起こさせないために』花伝社、二〇〇五年
佐藤広美『「誇示」する教科書―歴史と道徳をめぐって』新日本出版社、二〇一九年

（初出：「子どもと教育を守る滋賀県民の会」が二〇一一年六月に県教育委員会に提出した「教科書採択にあたっての要望書」に付属資料として添付したもの。今回、本書に収録するにあたって、補強・修正を加えた）

コラム 5

「高校社会科解体」の真相

山田　稔

一九四七（昭和二二）年版および一九五一（昭和二六）年版の学習指導要領・一般編（試案）のなかでは、社会科は「憲法や教育基本法の基本精神を具体的に教える中心的な科目」と位置づけられていた。民主主義を教える中心教科が「社会科」であった。従って、戦後の民主教育の解体・変質をねらう保守勢力は、事あるごとに「社会科」を目の敵にしてきたことに間違いはない。とりわけ、「国際化」の推進や「国旗・国歌」の押しつけをすすめようとするなかで、「社会科の変質」がすすめられてきた。一九五二（昭和二七）年、文部大臣は「廃止」も含めて、教育課程審議会に「社会科の改善」について諮問した。しかし、民間教育諸団体が「社会科問題協議会」を結成、激しく反対運動を展開し、結局、文部省も断念した。以後、社会科そのものを解体・廃止しようとする動きは、さすがに見られなかった。

ところが、一九八七（昭和六二）年の教育課程改訂の際、急浮上し、まるでクーデターのように強行されたのが、高校社会科の「解体」である（小・中学校の社会科はそのまま存続したのであるから、教育課程の「整合性」から言っても、大変問題があった）。

この年の改訂に向けて、高校社会科については、「現代社会」を「必修」から外すとか、日本史に代わって世界史を「必修」にしようとする動きはあった。しかし、社会科そのものを「解体」しようとの意見はまったくなかった。前年一〇月、教育課程審議会が発表した「中間まとめ」や八七年七月の教課審社会委員会の「社会の改善方針」(案)でも、そのことについてはまったく触れられていなかった。

では、なぜ、高校社会科だけが廃止され、「地歴科」と「公民科」のふたつの教科に分離されたのか。ことの真相は、以下の通りである。当時の高石邦男文部事務次官は近く退職し、革新県政が二期続いている出身地の福岡県知事選に自民党公認で出馬するとうわさされていた。彼が、この年の一〇月、「戦後教育の総決算」を標榜していた中曽根康弘首相から「歴史と地理は大事だ」と言われて、高校社会科の解体を引き受けたという。そこで、高校教育課長が突如更迭され、一カ月余りの間に強行されたのが、高校社会科の解体である(ちなみに、その高石次官は八八年に退職、八九年のリクルート事件に連座して収賄罪で逮捕された。九〇年の総選挙に福岡三区から立候補したが、落選した)。

高校社会科の「解体」で一番ひどい目にあったのは、高校現場と教職を目指す学生、それに大学である。地歴科だけ、公民科だけの免許では、規模が大きくない高校では実際上、困る。また、学級担任はそのクラスの教科の授業も担当することが望ましいが、地歴科だけ、公民科だけの免許では、それも困難になる。勢い、地歴科と公民科の両方の免許が必要になる。また、採用されるためには、中学・高校の免許の両方をもっている方が有利である。

従来、中学校や高校の社会科教員を目指す者は、共通の「社会科教育法」を受講、単位をとればよかった。大学もその講座だけを開講すれば済んだ。ところが、高校社会科の「解体」によって、学生は、中学校の社会科、高校の地歴科と公民科の「教科教育法」を受講、単位を取得しなければならない。大学も従来、一科目の「社会科教科教育法」の開講で済んだのが、「中学校社会科」「高校地歴科」「同公民科」の「教科教育法」を開講しなければならなくなった。大変な負担増である。「解体」を推進した人たちはそこまで考えていたのか、と言いたい。

第九章　南京事件——殺戮少数説への批判——

近藤　學

はじめに

本論文では南京事件の犠牲者数に絞って、特に少数説を批判的に検討する。歴史研究の専門家でもない筆者が、あえて「屋上屋」を重ねようとする理由は、新説を展開するためではなく、これまでの議論の方法を再検討し、見過ごされてきた論点を整理し、もってこの問題を一般の歴史愛好家にとって、より議論しやすい形で整理する必要があると考えたからである。

まず、南京事件をなぜ取り上げるのか、またその際、議論を犠牲者数の問題に限るのはなぜかについて、筆者の考え方を簡単に述べておきたい。南京事件は、日本の中国に対する侵略戦争や植民地化の過程で起きた事件であり、先のアジア・太平洋戦争が違法な戦争であったことを際立たせる象徴的事件であるとともに、東京裁判における戦争犯罪人追及の決め手の一つとなった重大な人権侵害事件である。そして同時に日本軍の侵略性・残虐さを顕著に示す事件となっていること、それゆえに、いわゆる歴史修正主義者はその事実を否定したり、あるいは残虐性を薄めるためのテクニックとして犠牲者数を少なく見せようとしている。つまり南京事件の犠牲者数の問題は、歴史修正主義とのたたかいの主戦場の一つなのである。

一　準備的考察

（一）南京事件の時間軸と空間軸の設定

南京事件を点で捉えるなら、その時間軸は当時の国民党政府の首都であった南京城とその周辺での戦闘期間ということになるが、良く知られているように、南京事件とは、そもそもは日本軍が中国全土の制圧（植民地支配）を狙って、一九三七年七月七日の盧溝橋事件を利用して、宣戦布告することなく華北から華中・華南へと戦線を拡大し、上海で国民党軍と激戦になり（第二次上海戦争）、その決着が付いた後に、陸軍中央（参謀本部）の指示を無視して現地軍が勝手に追撃を行い、約三〇〇km離れた首都南京を占領したこと、そしてそれに伴う虐殺事件である（大本営は一二月一日になって「大陸命第八号」により南京占領方針を公式に追認した）。このように南京事件を線で捉えるなら、上海での戦闘の決着がついた後から始まったと考えることが可能である。その場合には南京事件の始まりは上海事件の終了後、一九三七年一一月（上海陥落一一月一二日）からということになる。

次に南京事件の終了時点は南京城の開城後、捕虜や住民の虐殺行為が収まったと見られている一九三八年一月二二日が定説となっているが、南京の占領状態は終戦まで続いたから、その間、残虐行為があった可能性がある。こう考えると、南京事件の終わりは最大で見て、支那派遣軍総司令官岡村寧次大将が降伏文書に調印した一九四五年九月となる。

次に空間的な範囲についてはどうか。首都南京占領は南京城を三方から取り囲み（長江を遡上した海軍と空軍による爆撃を加えると五方）、退路を断ったうえで徹底的に叩き潰すという戦略で行われた。従って、これらの三隊が上海事件終了後、南京に向かって追撃戦を行う中で空間的に広がった地域全体（江南一帯）が南京戦の舞台の最大範囲となろう（追撃戦や南京城攻略戦の空間的範囲については秦八七ページおよび九九ページの図：小野他編、解説が参考になる）。ちなみに南京特別市域とは南京城とその市街地、六つの県部（六合、浦口、栖霞、江寧、漂水、高淳）からなり、南京城の面積は五五平方キロメートル、南京特別市全体は六六〇〇平方キロメートル（ほぼ島根県に匹敵）と広大である。

（二）虐殺と虐殺数の検討

南京事件が日本人にその概要を知られるようになったのは、極東国際軍事裁判（通称、東京裁判）である。この東京裁判では、南京での大量の虐殺事件を知りながら効果的な措置を取らなかった責任を問われて中支那軍司令官の松井石根大将が死刑（B級戦犯）とされたほか、関連する南京軍事法廷では、百人切り競争を行った向井敏明、野田毅や現地司令官の谷寿夫、三〇〇人の首をはねたとされる田中軍吉の四名が通常の戦争犯罪の罪（捕虜や住民への虐殺行為が問われた。BC級戦犯）で死刑となっている。国際的には事件発生当時に南京にいた外国人牧師、ジャーナリストや公使などがリアルタイムで本国に連絡しており、マスコミ等でも取り上げられたため、広く知られていたが、日本人にはほとんど知らされていなかった。したがって、東京裁判の衝撃は日本人にとってそれなりに大きなものであったと推察されるが、A級戦犯を裁いた東京裁判では南京事件での虐殺行為が違法と認定され、最終判決文でも認定された。その虐殺数は判決文によると「二〇万人以上」とされている（以下の東京裁判に関する記述は日暮『東京裁判』を参考にした）。

「この種の放火は……六週間もの長きに渡って継続され、そのため、全市の約三分の一の建築物が破壊された。……日本軍が南京を占領した最初の六週間の内に、南京及び近辺で虐殺された一般人と捕虜の総数は二〇万以上に達する。……この数字は日本軍が焼き捨てた死体、あるいは長江に投げ入れ、あるいはその他の方法で処理した人々は計算に入れていない」

我々は東京裁判がいろいろと問題を含んでいたこと、例えば天皇の起訴を行わない、七三一部隊の犯罪行為を見逃す、さらにはアメリカによる「勝者の裁き」の一面があったこと、冷戦対立の中で本来裁かれるべきA級戦犯の容疑者が釈放されたこと、東京裁判後、（ドイツとは違って）戦犯追及が日本の刑法で継続されなかったこと、を知っている（日暮三一ページほか）。しかし、他方でマッカーサーは判決には口出しできなかったこと、少数意見や弁護側陳述も保障されていたこと、国際法の専門家を含む当代一流の弁護士や弁護支援のための研究会がそろえられたこと、判決は決して予定調和ではなかったこと、など一定の評価すべき側面もあり、証言のみでなく、何らかの物証・客観的証拠に基づいてこの「二〇万人以上」という数字が出てきたと判断せざるを得ない（南京軍事法廷では虐殺され遺棄された死体が一九万余、慈善団体等によって埋葬された死体が一五万余と認定されたことが東京裁判にも影響したと考えられる）。したがって、本稿ではこの東京裁判の「二〇万人」という数字に一定の考察基準を置くこととし、これ以上の数字を主張するものを「多数説」と呼び、これ以下であると主張するものを「少数説」と呼ぶことにしよう。

　ところで、あらためて考えてみると、「虐殺」という言葉も曖昧なものである。「虐殺」という言い方には単なる戦闘死・戦闘関連死を超えた意味や感情（非人道的な・あるいは違法なというニュアンス）を込めることも可能である。「戦闘死」には兵士として戦ったがゆえに死亡する場合と兵士ではないのに死亡する場合がある。前者についてもその兵士の死が戦闘の結果に何らの影響を与えない場合（例えば捕虜になって殺害された場合）の死もある（これは「通常の戦争犯罪」に相当）。さらに、兵士として日本軍と対峙し、闘い、死亡した場合は虐殺ではないと言いきれるのだろうか。例えば、もともと戦闘意志がない（または戦闘能力に客観的に見て大きな格差が存在する）相手に、宣戦布告なく一方的に戦闘を挑み、殺害した場合、これは戦闘という形式をまとった「虐殺」に相当するのではないだろうか。また、日本軍の略奪・殺害を恐れて村を離れ、やむなく南京守備軍に庇護を求めた成人男性農民は「兵士」なのか「民兵」なのか「一般住民」なのか。この識別は可能だろうか。また、南京守備軍の総司令官唐生智は一二月一二日午後七時に撤退命令を下したが（その前から中国軍は総崩れとなっていたようだが）、これ以降は戦局の勝敗とは関係のない敗残兵の虐殺にあたるという考え方もありえる。

　そしてそもそも虐殺かそうでないかの立証責任や認定権限は誰が持っているのだろうか。これはおそらくセクハラの問題と似ている。セクハラがあったかどうかの認定は、加害者と被害者の関係では被害者に第一次の認定権があり、加害者に無罪の立証責任があると考えるべきだろう。この種の問題

表1　南京事件の区分

	時間的	空間的	備　考
一	上海陥落（1937.11.12）から南京特別区に侵入するまで	追撃戦の3つのルートを含む江南地帯一体、ただし上海事変該当地区は除く	南京占領前期（8.15～10.15の期間に南京空襲65回あり）
二	日本軍が南京特別区内に入った時（12.4）から翌年1月末、南京城内で掃討が一応終了した時まで	南京特別市全域（南京城・市街区と近郊6県）	通常の南京事件の範囲。本来の南京占領期
三	城内掃討が一応終了した時から南京占領終了時まで（1945.9.9日本軍降伏）	南京特別市全域（南京城・市街区と近郊6県）	南京占領後期（1938.3.28中華民国維新政府成立）

（注）笠原説期間1937.12.4～1938.3.28（笠原p.21）、秦説期間1937.12.2～1938.1月末（秦p.207）、秦説対象区域：南京城内とその郊外（秦p.207）

では被害者の感情が第一義的であり重要である。日本人（加害者側）が広い意味での戦闘における中国人の死亡を、これは虐殺ではないと言い張っても、中国側が虐殺だと主張すれば、日本側はその主張をいったん受け入れた上で、その主張に対して誠実に無罪を立証する、という謙虚な姿勢で臨むべきでないか。

こう考えれば、南京事件に関わる中国人の破毀・遺棄死体や埋葬死体は兵隊であれ、住民であれ、すべて「虐殺による死」という主張に真摯に耳を傾けるべきと考えるのである。

（三）南京占領の三つの区分

以上の考察をまとめると、我々は南京占領にかかわって三つの区別を考慮すべきであると考える。

それを表にしたのが表1である。

通常、言われている南京事件は「二　本来の南京占領期」におきた虐殺事件のみであるが、論理的には占領の前期も後期も考察の対象とされるべきであろう。そして現在の（日本側の）研究の段階では一と三の数字については不明と判断するのが正確な認識であろう。

（なお、秦氏は自著第三章において一の時期に起きた戦闘死・虐殺も把握・一部記述されているが、これらは四万人説中には含められていない。他方、南京大虐殺記念館資料はこの期間に日本軍が蘇州、無錫、常州、江陽、鎮江、広徳、蕪湖等の江南一帯に攻め込んだことを詳細に記録している。）

二　少数説の検討

（一）少数説――秦四万説の中身

「本来の南京占領期」におきた殺害数に論点を絞ろう。

少数説の強力な論者は四万人以下説を主張される秦郁彦氏の説である（秦三一七ページ）。以下、その言うところを検討してみよう。

秦説の優れた点も問題点も、基本的には各師団の戦闘状況を詳細に把握された点にあると考える。そこで、秦氏の著作を中心に整理して、師団や連隊別、時間別・空間別に「殺害」、「殲滅」、「処理」などの方法により直接に手を加えた（または直接目撃した）殺害人員を整理したのが表2である。ここで「人員1」は直接に殺害に関与した記録、「人員2」はそれを別の時間に別の主体が確認した記録、「人員3」は司令部、連隊長などが報告を受けたと見られる記録である。

表２　戦闘詳報などによる中国人殺害数一覧

No.	師団･旅団･歩兵連隊名	人員 1	人員 2	人員 3	日時	殺害場所	出典 1	出典 2
1	16D-30B（佐々木）-38i	5000-6000			12.13	下関	歩 38 連隊戦闘詳報	秦 p.113
2	3、9、101 の騎兵連隊	3000			12.13	仙鶴門	加藤正吉騎兵第三連隊史	秦 p.114
3	16D-30B-33i	数千			12.13	下関	西田優上等兵日記	秦 p.116
4	16D-30B			数千*	12.13	和平門	佐々木回顧録	秦 p.116
5	16D-30B-33i	数百**			12.13	太平門	島田勝己大尉手記	秦 p.116
6	16D-30B-33i	2000			12.13	下関沖	歩 33　戦闘詳報	秦 p.117
7	16D-30B-33i	5500			12.13	下関沖？	歩 33　戦闘詳報	秦 p.117
8	16D-30B-38i	500			12.13	下関沖？	歩 38　戦闘詳報	秦 p.117
9	16D-30B			2 万以上*	12.13	下関沖？	佐々木回顧録	秦 p.117
10	16D			1.5 万*	12.13	下関？	中島師団長日記	秦 p.117
11	16D			1300	12.13	太平門	中島師団長日記	秦 p.117
12	16D-30B			1000 *	12.14	太平門外	佐々木回想録	秦 p.120
13	16D-30B-33i	百数十			12.14	獅子山砲台	歩 33　戦闘詳報	秦 p.120
14	16D-30B-33i	370			12.14	木邑江門	西田優上等兵日記	秦 p.120
15	16D-30B-38i	92			12.14	城内北部	志水一枝軍曹日記	秦 p.121
16	16D- 経理部		310 *		12.14	中山門外	小原少尉日記	秦 p.121
17	上海軍参謀			2-3 万*	12.14	城外東方	飯沼参謀日記	秦 p.122
18	9D-18B-19i	百数十			12.14	湯水鎮	宮部一三伍長手記	秦 p.123
19	16D-30B-38i	7200			12.14	堯化門	歩 38　戦闘詳報第 12 号付表、稲田中佐談	秦 p.123-5
20	16D-19B-20i- 第四中隊	328			12.14	城内	第四中隊陣中日記	秦 p.125
21	16D-19B-20i	600			12.14	玄武門	増田六郎上等兵手記	秦 p.126

22	16D-19B		2000		12.16	漢中門外	伍長徳裁判証言	秦 p.127
23	16D-30B-33i			数百＊	12.16	中山門外	佐々木回顧録	秦 p.128
24	16D-30B-38i			数百＊	12.16	中山門外	佐々木回顧録	秦 p.128
25	9D-6B-7i- 第一中隊	21			12.14	城内	水谷荘上等兵日記	秦 p.130
26	9D-6B-7i- 第二中隊	40			12.15	城内	井家又一上等兵日記	秦 p.131
27	9D-6B-7i- 第二中隊	335			12.16	揚子江附近	井家又一上等兵日記	秦 p.131
28	9D-6B-7i- 第一中隊	36			12.16	城内	水谷荘上等兵日記	秦 p.134
29	9D- 第一機関銃中隊		1200-2000 ＊		12.16	下関	佐々木野戦郵便長日記	秦 p.135-6
30	9D-6B-7i			4500	12.14-16	城内	南京攻略戦闘詳報、敵死体	秦 p.137
31	9D-6B-7i			7000	12.14-16	城内	南京攻略戦闘詳報、掃討	秦 p.137
32	9D-6B-35i ／ 18B-19i、36i	7000			12.14-16	城内各所	各種公式数字による	秦 p.138-9、表 4
33	13D-103B 山田支隊		14777 ＊		12.15 確保、12.17 ？	幕府山	朝日新聞、一部逃亡あり	秦 p.141-5
34	上海軍参謀			1.5-1.6 万＊	12.17 ？	幕府山	飯沼参謀日記	秦 p.142-5
35	中支那方面軍司令官専属副官			12-13 万＊？	12.18 報告受	下関	角良晴少佐証言、記憶違いの可能性	秦 p.143-5
36	13D- 山田支隊-7 中隊	2 万＊			12.17	草鞋峡？（揚子江岸 2 カ所）	大寺隆上等兵日記。小野賢二資料と重複	秦 p.145
37	13D- 山田支隊			57418 ＊	12.18	草鞋峡	証言・南京大虐殺（中国人証言）	秦 p.147
38	13D- 山田支隊			3 万-5 万＊	12.18 ＊	燕子磯（中州含む）	証言・南京大虐殺（中国人証言）	秦 p.147
39	13D- 山田支隊	5000-6000			12.17 ？	草鞋峡？	栗原手記	秦 p.147

40	13D- 山田支隊	2000			12.17 ?	草鞋峡？	星俊蔵軍曹手記	秦 p.147
41	13D- 山田支隊	1000-3000			12.17 ?	草鞋峡？	平林少尉手記	秦 p.147
42	13D- 山田支隊	1.5-2 万			12.16-18	幕府山	小野賢二発掘資料	笠原 p.171
43	第十軍-6D（谷）-36B-23i	20			12.13	城内漢中路附近	フィッチ日記	秦 p.150
44	6D	1000			12.16	中華門外	萩平昌之大尉手記	秦 p.151
45	6D-36B-45i- 第三大隊	2377			12.13	上河鎮	歩兵第 45 連隊史、赤見手記	秦 p.152
46	6D-36B-45i- 第三大隊	5000-6000			12.14	江華門付近	歩兵第 45 連隊史、劉証言	秦 p.154-5
47	6D-36B-23i- 第一中隊	2000			12.15	水西門付近	宇和田弥市上等兵日記	秦 p.155
48	6D- 野砲 6 連隊		200		12.15 ?	水西門？	分隊長の回想	秦 p.155
49	6D- 野砲 6 連隊		300		12.14 ?	水西門？	分隊長の回想	秦 p.155
50	114D-127B-66i	1354			12.13	雨花台、中華門外	歩 66 連隊第 1 大隊の戦闘詳報	秦 p.157-8
51	114D-127B-66i	300			12.13	城内	歩 66 連隊第 1 大隊の戦闘詳報	秦 p.157-8
52	6D（谷）			1 万＊	12.13-18	雨花台、中華門内外	谷師団長南京裁判で告発	秦 p.160
集 計		75633	2500	12800	総合計 90933			

（出典）秦第 5 章、笠原 p.171

（注）Division 師団 /Brigade 旅団 /Infantry Regiment 歩兵連隊。＊：重複の可能性、＊＊：一部合理的推定を含む、？：数字の信ぴょう性に疑義あり。なお＊の判別は筆者による。また、集計する場合には、数十 = 30、数百 = 300、数千 = 3000 と換算した。幅のある数字は中央値を用いた。

我々はこう考える。各人や各部隊が直接に記録した「殺害」や「殲滅」、「処理」はすべて新規の数字であるから、時間や空間が異なる以上、重複の心配はないと考えられる。他方、誇大申告の可能性はあるが、最初から数字を操作するのではなく、とりあえずは記録された数字を積み上げてみよう。

最も信頼性の高い「人員1」の集計は七五、六三三名となった。つまり、日本軍は中支那方面軍の全七九連隊のうちの一七連隊で七五、六三三名の中国人を殺害したことになる。また、直接殺害には関わっていなくても、殺害直後の目撃や重複の可能性が低いなどの理由で追加すべきものが一、五〇〇名（人員2）、また他に直接加害した本人の日記や戦闘詳報等の証拠はないが、公式の記録として信用性の高い数字（現場の指揮官の日記を含む）からの数字が一二、八〇〇名（人員3）ある。これを合計すると九〇、九三三名となる。

これらの数字は既に述べたように、七九連隊のうちの一七連隊によって行われたものである。これを七九連隊全体に単純に拡大して補正すると、三五・一万〜四二・二万人となる。これが秦説から合理的に導かれる南京事件の殺害数（虐殺数ではない）に関する全体的数字ではないだろうか。

(二) 四万人説の問題点

秦氏は南京守備隊を上限一〇万（台湾公式戦史、秦二〇六ページ、二一四ページ、三一二ページ）とし、また南京市・郊外人口を上限二五万（スマイス博士推定。秦二〇八ページ、二一四ページ）と設定する。従って、合計三五万人が殺害数の絶対上限であり、殺害数はこれを上回ることはあり得ないとする前提から出発する。この絶対上限については後に検討する。

表３　南京事件に関わる中国人死者の数（少数説）

	秦旧推計 A	秦新推計 B	近藤整理 C	備　考
16 師団	2.0		25,520	
9 師団	0.45		7,562	
13 師団	−		27,000	
6 師団	1.71　5.4	3.0	10,897	5.4 の数字は東京日日新聞。秦 p.210
114 師団	0.5		1,654	
11 師団（海軍）	0.2		−	
その他	3.0	3.0	3,000	AB：捕虜の殺害数 C：3,9,101 騎兵連隊の殺害数
脱出成功者	0.56	3.0	−	
民間人殺害	0.8 〜 1.2	1.0	−	AB：秦 p.312
殺害総数	9.2 〜 9.6 （万）	7.0 （万）	75,633 （人）	C：戦闘詳報以外も含めると 90,933 人

（出所）秦 p.211、p.312
（注）近藤の数字Ｃは兵士と民間人を区別していない。なお、Ｃの数字の根拠は表２参照。

次に、占領戦において殺害した数値として兵士と民間人を分け、兵士（捕虜の殺害を含む）については旧推計八・四万人、新推計六万人としている。さらに、民間人の死者については、旧推計は〇・八〜一・二万、新推計は一万としている。なお、旧推計では兵士の殺害についてはその根拠として各師団別の数字をあげている（表3参照。ただし13師団は何故か除外されている）。

秦旧推計では殺害総数を九・二〜九・六万としている（表3）。この数字は筆者の整理（表2）した数字七・五〜九・〇万と整合的である。別言すれば秦旧推計の殺害者数は、各師団の戦闘詳報などの公的記録を積み上げた数字を根拠にしているということである。

少数説の問題点は、まず表1で述べた一～三の南京占領時期全体のうち「南京虐殺」を二の時期に限定していることである。だが、この点は現状ではやむを得ない。第二に、中国側の死体埋葬記録を考慮せず、事実上これを無視していることである。具体的に言えば、13師団（幕府山の惨劇の主人公とされている山田支隊を含む）の殺害数が完全に無視されている。これは笠原氏が指摘されているように、小野賢二氏らが発掘された一・五万～二万の捕虜殺害の新資料を無視している（笠原一七一ページ）ばかりでなく、中国側が大虐殺の典型として挙げている燕子磯五万、草鞋峡五万といった数字を意図的に考慮していないということである（秦一四六ページ）。

第三に、部隊の戦闘記録という公文書を使って推計を行っているという点である。これは強みにもなるが弱みにもなる。すなわち、戦闘の状況を正確に把握するために軍が作成した第一次資料ということで、信頼性は極めて高いと認められる。しかし、秦氏も認めておられるように南京事件に関与した部隊の三分の一しか記録は残されていない。私自身の分析によると、戦闘詳報などの公的記録が残されていない師団は、上海派遣軍で第三師団、第一一師団、第一〇一師団であり、第十軍で第一八師団である。従って師団数でみると記録の残存率は五五・五%である（九師団中五師団残存、記録残存率＝五／九＝五五・五%）。さらに、これを連隊レベルで見ると、中支那方面軍連隊総数七九、公式記録のあるもの一七連隊、よって連隊数で見た公的記録の残存率＝一七／七九＝二一・五%である。したがって、個々の戦闘内容ではなく全体を把握しようとする場合には、この方法（戦闘詳報）には限界があるのである。別言すれば、戦闘詳報をいくら詳細に分析したとしても「象の足一本分」くらいしか捕まえられないのである。

第四の問題点は、秦氏の資料は軍隊の部隊側から見た戦闘記録であるので、戦闘とは直接関係のない住民の虐殺数が正確に記録・把握されにくいという構造的欠陥を抱えている。つまり戦闘員でもない住民を殺害すること（強姦も含む）は当時の国際法違反であり（通常の戦争犯罪に相当する）、これを公式に記録することは軍中央も望まないであろう。すると、住民虐殺の数字は、一部は「便衣兵」だなどとごまかして兵士の死者数に含めたとしても、無抵抗の住民を虐殺したという（恥ずかしい）数字は基本的に記録されないと考えるべきであろう。秦旧説は住民の殺害数について最大一・二万人としている（表3）。これはスマイス報告の一般人の死者（市街地で六、六〇〇名、農村部で二六、八七〇名、合計三三、八七〇名）を勝手に二・三万人と下方修正した上で（秦二一四ページ）、さらにこの数字が過大だとして半分に割引して（その根拠は不明）、一・二万とした数字である。だが、そもそも中国全土での兵士と一般住民の死者数の対比において、一般住民の死者数が兵士のそれよりも二・二倍程度と多いのに（例えば国民党政府による日中戦争時の中国側犠牲者は軍人約三五〇万人、民間人約八〇〇万人、合計一一三〇万人とされている。加藤三八九ページ）、秦氏の推計においては、住民の虐殺数がきわめて少ない（兵士：住民＝八・四：一・二）のは、戦闘記録に過度に依存した当然の結果と考えられるのである。

第五に、秦新推計は旧推計と比較して、兵士と民間人を合わせた殺害総数が九・二〜九・六万から七・〇万へ二・二〜二・六万程減少しているが、その主要な原因は各師団による中国人兵士の殺害数が五・四万から三万に二・四万人も減少したことに起因する。これは秦氏が自著第五章で戦闘詳報などの膨大な資料を読み込んで明らかにされた中国軍兵士の被殺害数五・四万人をいとも簡単に捨て去ったことを意味している。南京守備隊の絶対上限を一〇万人とし、そこから脱出成功者三万人（旧では〇・五六万人）とし、捕虜として殺害された兵士三万人を引くと四万人にしかならない。もし旧推計の合法的な兵士殺害が五・四万とすると、これは一・四万人の幽霊を殺したことになる。この矛盾を避けるために、五・四万を三万にこっそりと改ざんしたのである。ここに見られることは、秦新推計は、中国守備隊一〇万、住民を二五万、脱走者三万で絶対上限を三二万とし、脱出成功者増加に伴う数字変更（〇・五六→三）と少数説＝四万人のつじつま合わせのために、歴史家としての矜持を捨て、師団が残した戦闘詳報などの貴重な記録を用いて積み上げた自らの数字を捨てたということである。

最後に、秦説は中国人の殺害数は九・二～九・六万（秦旧推計）としながらも、最終的に虐殺数を四万（一般市民の不法殺害一・二万人、兵士の不法殺害三万人、合計四・二万人）と主張されるのであるが、そのカラクリは、「虐殺」の定義を捕虜の殺害のみに狭く設定しているからである。しかし戦闘詳報や各種従軍記から合法殺害（戦闘による死者）と不法殺害（捕虜による死者）を区別することは容易でなく、すでに述べたように闘う理由もなく戦争を仕掛けられた側からすれば、すべての殺害は虐殺とする考え方も十分ありえる。また、秦氏の理解によれば、捕虜を「便衣兵」と勝手にみなせば、しかしこれを殺害しても合法殺人となる（当時の国際法では便衣兵による「戦闘行動」は違法であるが、しかしその処刑は軍事裁判の手続きを必要とし、勝手に殺してはならない。吉田稿『南京大虐殺否定論一三のウソ』）。

虐殺の定義を巡って共通理解が得られない現状では、とりあえずの中国人の犠牲者数を考察してみることが必要だろう。そうすると秦氏が明らかにされたことは、二一％程度の残存する公的資料から確認される限度において日本軍は九万の中国人（兵士も住民も含めて）を殺害したということであり、これを連隊数の比率で単純に計算するならば四一万を超える中国人を殺害したと考えられる、ということなのである。つまり秦氏こそ堂々と多数説を主張すべきなのである（旧推計では様々な留保を付け、控えめな中間報告としていた四万人虐殺説が新推計では断定的な数字となっている〈秦三一七ページ〉。戦闘詳報がまだ全体の二一％しか発見されていない状況下でこうした断定をあえて行うということは、この数字がもはや客観的・合理的な言説ではなく意図的な政治的言説になってしまったと理解する以外にない）。

(三) 絶対上限による考察

中国側は南京占領時の犠牲者の哀悼と日本侵略の不当性、そして中国人民の植民地解放の闘いの記念碑として南京大虐殺記念館（侵華日軍南京大屠殺遭遇同胞紀念館。通称、江東門記念館）を建設し、一九八五年八月一五日から開館している。その資料（朱成山編著）によると、一九三七年一二月一三日から一九三八年一月二二日の間（六週間）に「罪なき一般人と捕虜三〇万以上」の虐殺を公式見解としているが、本音では、当時の死体破毀、埋葬の記録をあげ、南京占領後日本軍の集団射殺にあい、死体破毀・遺棄一九万余り、死体を慈善団体が埋葬したもの一八・五万余り、私人等による埋葬死体三・五万余り、合計四一万余りとしている。そして、日本軍が南京を陥落した当時、南京市内にいたアメリカ人宣教師ジョン・マギー牧師が撮影した一六ミリフィルムや、マギー牧師がアメリカに持ち

表4　絶対上限にかんする諸説

	孫宅魏	秦	笠原	南京大虐殺記念館
南京守備軍	15万	10万	15万	11万
脱出成功者	6万	3万	4万	-
南京市・県部人口	60万〜70万	25万	100万、陥落時40〜50万	101万、陥落時50万
絶対上限	69万〜79万	32万	61万	61万

（出所）笠原 p.19、p.200、秦 p.208、p.211、p.214、pp.310-312（表10-1）
＊孫氏は江蘇省中国現代史学会秘書長。秦氏の守備隊10万の根拠は台湾公刊戦史による（秦 p.211）

出した写真を掲載した写真雑誌『ライフ』（一九三八年五月号）の一〇枚のスチール写真などの関係資料は世界記憶遺産に認定されている（二〇一五年一〇月）。

こうした中国側の主張に対して、死者の数は当時、南京にいた住民や兵隊の総数を超えることはないはずだという主張がなされることがある。そこでこの点を検証してみよう（表4参照）。

秦説の絶対上限と中国側の主張する虐殺総数四一万説とを比較すると、秦説は絶対上限三二万説であり、これを前提とすると中国側の数字はありえない虚妄の数字であるということになる。しかし、この中国側の数字は南京城内だけでなく、近郊六県で殺害され、揚子江に捨てられた遺棄死体や漂着死体なども含むと考えれば、決してありえない数字ではない。むしろ問題は秦説が当時の南京市・県部人口を二五万とする根拠である。おそらくこれは難民区を管理していた国際委員会の第四九号文書（一月二二日付け）の記述（秦一八二ページ）を根拠にしていると考えられるが、これはおかしい。この二五万は虐殺後の人口（それも南京城内に限る）であって、今問題とすべきなのは虐殺前の人口であり、南京城内のみでなく県部を含む人口なのである。

以上の絶対上限の検討から分かることは、南京虐殺の絶対上限には諸説あり、六〇万〜八〇万程度とみる有力な異論もあるのであって、その限りでは中国側の主張する四一万以上という数字は決して荒唐無稽な（存在しない人を殺すという）根拠のない数字ではない、ということである。

結論

筆者は虐殺数について新しい説を提出するという意図はなく、どのように考えるべきかを中心に議論をしてきた。これまでの議論は、率直に言って、日本の多数説と少数説、中国側がそれぞれの立場と観点から独自のアプローチをしてきたものであり、その努力は認めるとしても、いまだ論争の決着どころか一つ一つの事実の共通理解さえ不十分なままに放置されていると言わざるを得ない。その典型は燕子磯、草鞋峡での合計一〇万人の死体であろう。虐殺の定義、合法殺人と不法殺人の区別、さらには虐殺を論じるための時間軸、空間軸、あるいは虐殺の方法や住民の虐待死を巡っても、未だに十分な一致点は見られない。こうした段階で、どうして虐殺数の全体を議論できるのかと問わざるを得ない。しかし、他方でこれまで多くの歴史家の努力により客観的な資料が得られ、特に南京占領期に限って言えば正確な数字が出てきており、全体像の輪郭が見えつつあるのではないだろうか。一例をあげれば、中国側の主張する四一万説と秦旧推計を単純に拡大した数字（四一万）には、虐殺の考え方や虐殺数では一致しないとしても、殺害数では一致する、そしてそうなる研究上の必然性があるのではないかと考えるのである。同様に、少数説も多数説も殺害数という点では、秦氏の戦闘詳報による研究成果を媒介として、少なくとも対話可能ではないだろうか。

この段階をさらに前に進めてゆくためには、日中両国の政府の協力の下、研究者同士が共同研究を進める以外にないのではないか（秦氏も日中双方の共同調査の必要性を提唱しておられる。秦二〇七ページ）。日本側の資料や考え方、中国側の資料や考え方を突き合わせ、事実を一つ一つ確定する作業を通して、新たな・より明確な全体像が見えてくるのではないだろうか。ドイツとフランスが歴史研究を共同で行い、共通の歴史テキストの刊行に至ったように、日本と中国も、この問題を通じて両国の相互理解と歴史認識の共有が、そして相互信頼が進むことを祈ってやまない。

〔参考文献〕

小野賢二・藤原彰・本多勝一編『南京大虐殺を記録した皇軍兵士たち―第十三師団山田支隊兵士の陣中日記』大月書店、一九九六年
笠原十九司『増補　南京事件論争史』平凡社、二〇一八年
加藤陽子『戦争まで―歴史を決めた交渉と日本の失敗』朝日出版社、二〇一六年
清水正義『「人道に対する罪」の誕生―ニュルンベルク裁判の成立をめぐって』（白鷗大学法政策研究所叢書三）丸善プラネット、二〇一一年
朱成山編集執筆『講解詞』、「侵華日本軍南京大虐殺殉難同胞記念館（通称江東門記念館）」発行、子欲居による日本語訳 http://www.eonet.ne.jp/~shiyokkyo/nanjing/nanjing.html（アクセス：二〇二〇年一月二三日）

南京事件調査研究会『南京大虐殺否定論一三のウソ』柏書房、二〇一二年
秦郁彦『南京事件――「虐殺」の構造　増補版』中公新書、二〇〇七年
日暮吉延『東京裁判』講談社現代新書一九二四、二〇〇八年
若尾祐司・井上茂子編著『近代ドイツの歴史――一八世紀から現代まで』ミネルヴァ書房、二〇〇五年

第一〇章　国際法の発展と「侵略」の定義

成瀬龍夫

一　「侵略」の定義は定まっていないのか

二〇一三年四月二三日参議院予算委員会において、安倍首相（当時）は次のように述べた。

「侵略という定義は学会的にも国際的にも定まっていない。国と国との関係でどちらから見るかで違う」（「朝日新聞」二〇一三年四月二三日夕刊）。

果たして、「侵略」の定義に関する国際的な合意はなされたことがないのだろうか。

まず、「侵略」が国連によって定義がなされたことは、世界の常識である。

一九七四年一二月一四日国連総会は「侵略の定義に関する決議」国連総会決議三三一四、United Nations General Assembly Resolution 3314 on the Definition of Aggression を採択した。定義の理由を次のようにのべている。

「侵略行為が行われた否かという問題は、個々の事件につきそのあらゆる状況に照らして考慮されなければならないが、それにもかかわらずこの問題についての決定のためのガイダンスとして基本的な原則を定めることは望ましいことであると信じて、次の侵略の定義を採択する」

定義は、第一条から第八条まで詳細に展開されている。例えば、第一条では、

「第一条　侵略とは、国家による他の国家の主権、領土保全もしくは政治的独立に対するまたは国際連合の憲章と両立しないその他の方法による武力の行使であって、この定義に述べられているものをいう」

第二条では「武力の最初の使用」、第三条では「侵略行為」などが、詳しく定められている。

なぜ国連がこうした総会決議を行うに至ったかというと、国連憲章では、「侵略」に対抗する武力行使は安保理事会による決定があれば可能としている。しかし、そこに「侵略」の定義がなかった。そこで一九六七年の第二二回総会に設置された「侵略の定義に関する特別委員会」が、長時間の審議の末に案を作成して、上記の総会決議がなされたのである

アメリカと日本は、上記の国連総会決議はあくまで安保理事会の参照基準であるという態度をとってきた。そこで一九九八年に国際刑事裁判所を設置し、侵略の定義をまとめることの要請がなされた。いわゆるローマ規程である。国際刑事裁判所は二〇〇二年に発足し、現在まで協議を重ねている。協議では、「侵略の定義」に関して上記の国連総会決議三三一四を適用することが多くの支持を集めた。しかし、決定には至っていない。日本は、協議には参加しているが、国連総会決議三三一四はあくまでも安保理の参照基準であると主張している。アメリカは、国際刑事裁判所に不加盟で、「行為としての侵略」の有無を判断できるのは国連安保理のみであり、国際司法裁判所にはその権能はないとす

る立場をとっている。

上記の国連総会決議は、安保理の参照基準であるとしても、安倍首相のように「侵略の定義が国際的に定まっていない」とまではいえないであろう。「参照基準ではあるが、内容は国連総会決議として国際的合意がなされたガイダンスであり、安保理においても尊重されるべき」というのが、見識ある態度だろうと思われる。

二　歴代首相の中にも同様発言

ところが、「侵略の定義は定まっていない」という発言は、安倍首相が初めてではない。こと日本の過去にかかわると、歴代首相の中にも同様な発言があった。

侵略を認め謝罪する談話を出した村山富市首相も、一九九四年一〇月の衆議院税制改革委員会で「日本が侵略的行為をしたことは否定しえない。アジア近隣諸国に取り返しのつかない被害と苦痛をもたらした」としながら、「侵略戦争であるかどうかは、いろいろな意見があるから、そういう意見の混乱の中に私は巻き込まれたくない」とのべ、「戦争の性格」についての明言を避けた。また村山首相の前任の細川護熙首相は、組閣前に語っていた「侵略戦争」の表現を所信表明演説で「侵略行為」といいあらためた。これによって戦争全体の性格を曖昧にしたまま個々の行為の侵略性を問題にするニュアンスに後退した。遺族会や神社本庁などに突き上げられたことが、こうした曖昧発言の背景だといわれている。とくに遺族会は、抗議声明で「大東亜戦争は国家、国民の生命と財産を護るための自衛戦争であった」とし、細川発言を「東京裁判史観に毒された自虐的侵略発言」ときめつけた。後任の橋本龍太郎首相も村山内閣の閣僚時代に、中国と朝鮮に対する日本の侵略と植民地支配を認めたが、第二次世界大戦については侵略戦争ということに疑問を呈し、太平洋の各地域に対しては「言葉の定義の問題として、必ずしも侵略であったかどうか、なかなか微妙な問題になると思う」と述べている（これらの答弁、発言については、荒井信一『戦争責任論』参照）。

三　国際法と「違法な戦争」「侵略」の定義

はじめに、国際法における戦争責任概念の発展を簡単な年表にまとめてみたので、それを掲げておく。

国際法上「侵略」の概念が正面から取り上げられるようになったのは、そんなに昔のことではない。第一次世界大戦後、パリでの不戦条約以降である。それまでは、いわゆる「無差別戦争観」が支配していた。戦争の如何を問わず、国家には無条件に交戦権があるとされ、戦争すること自体が違法とは考えられなかった。また、敗戦国になっても「元首無答責」であり、戦争指導者の個人責任は問われなかった。戦争の終結は、講和条約の締結で行われるが、講和条約は勝者が敗者を裁いて領土の割譲や賠償金を巻き上げることが主な内容であった。

「一九世紀には、主権国家の平等を根拠とする無差別戦争観が支配的であった。それは国家の外にその行為を裁く裁判所がない以上、紛争の解決手段としての戦争は相互に合法的とするものであった。

戦争責任に関する主な国際法の推移

1864　ジュネーブ条約
赤十字国際委員会の提唱で、傷病者と捕虜の人道的取り扱いを定めた。

1899　ハーグ陸戦条約
宣戦布告、使用禁止兵器、非戦闘員、捕虜・傷病者の取り扱いなどを規定。

1919　ヴェルサイユ講和条約
国際法上初めて戦争責任（戦争責任の認定、責任者の処罰、賠償）を明記。

1928　パリ不戦条約
国際紛争解決の手段として、戦争を放棄し、平和的手段によることを規定。

1945－46　国際軍事裁判所憲章・極東国際軍事裁判所条例
裁判基準として「平和に対する罪」「人道に対する罪」「通例の戦争犯罪」を採用。

1945　国際連合憲章
国際紛争を平和的手段によって解決することを規定。安全保障理事会の設置。
領土などの国際紛争を扱う国際司法裁判所を常設機関として設置。

1974　国連総会「侵略の定義に関する決議」を採択

1998　国連（全権外交使節会議）において国際刑事裁判所ローマ規程が採択。2003年3月11日設置。
「人道の罪」に反する個人の国際犯罪を訴追・処罰。のちに侵略犯罪も対象。

……

しかし、第一次世界大戦を経過する中で、人々のこのような戦争観や歴史認識には変化が現れた。侵略戦争を違法とする観念が出現し、また国家を超える制度によって主権国家の行動を抑制することを説くインターナショナリズムが、現実に戦後処理に影響を与えるまでになった」（荒井信一、前掲）。

戦争の性格が「国家総力戦」となり、非戦闘員の殺戮が頻繁かつ大規模になされるようになって、戦争そのものの発生と抑止を問題にしなければならなくなってきた。パリ不戦条約は、侵略戦争の禁止を打ち出して、戦争責任問題の歴史に画期的な位置を占めているが、それでも、①正当な自衛権の行使であるか否かの認定機関の定めがない、②戦争以外の武力行使は禁止の対象外と解釈されうる、などの欠陥をもっていた（島田征夫『国際法』全訂補正版、弘文堂、二〇一一年）。

そこで、浮上してきたのが、「違法な戦争」かどうかという戦争の性格づけ、戦争責任を「侵略」を基準に考え、それを国際軍事法廷を設置して裁くという考え方である。とはいっても、「侵略」の基準が明確になっていないと、戦争責任は問いようがない。そこで、もっぱら「開戦責任」、すなわちどちらの国が先に戦争を仕掛けたかどうかという基準で判断する考え方が浮上した。国際法上の戦争責任とはもっぱら開戦責任を指すものになり、第二次世界大戦終了後のニュルンベルク裁判と東京裁判は、「平和に対する罪」として開戦責任およびそれに指導者個人がかかわる「共同謀議」という基準で主要戦犯、A級戦犯を裁いたのである。しかし、勝者が「開戦責任」を認めることは現実には考えられないので、勝者に対する戦争責任は不問となった。敗者は「敗戦責任」は認めざるをえないが、それを裁くのは敗戦国の国民であって戦勝国ではないはずだ、という自主裁判の理屈もあるが、勝者からは一蹴されるが落ちである。

両国際軍事裁判での「侵略」概念の基準は、「開戦責任」を中心にするだけでは不十分だと認識されるようになった。また、事後法批判への対応の必要もあって、戦後、ニュルンベルク諸原則の法典化が目指されたが、容易には進まなかった。他方、国連憲章において戦争違法化の原則がうたわれたが、安保理での審議のためには「侵略」の定義が十分でないことから、長時間の議論を経て一九七四年の国連総会の決議に至ったことは先に述べた通りである。

戦争責任の追及は、たとえ「侵略」の国際法上の定義があっても、実際の判断は非常に複雑で、国家間の利害と力関係が絡みあうことは否定できない。しかも、戦争は多様な性格・形態で生じる場合があるし、「侵略行為」と呼べても「侵略戦争」とまでは認定できない場合もあろう。今日の世界でも、誰が戦争の性格や「侵略」を認定し、必要な防止措置や戦犯裁判を行うのか、国際制度的にも決して完成されてはいない。国連憲章を掲げる国連と国連安全保障理事会が審理に当たる中心的国際機関であることは疑いないが、国連は世界政府ではなく決して万能ではない。国連の管轄外で大規模な戦争が発生することもありうる。

二〇〇三年にアメリカのブッシュ政権が展開したイラク戦争（第二次湾岸戦争）を振り返ってみよう。アメリカは、国連安保理でイラクの大量兵器の存在に関する査察を行うことまでは認めさせたが、武力攻撃を認める安保理決議には至らなかった。そこでアメリカは、四九カ国の多国籍「有志軍」による先制攻撃を展開した。日本は、小泉純一郎首相が記者会見で、「アメリカの武力行使を理解し、支持する」と表明した。戦後になって、アメリカが戦争開始の理由としたイラクの大量兵器は存在しなかったことが判明したが、このケースは、典型的な国際法違反の侵略戦争のケースだろう。イラク戦争でアメリカのお先棒をかついだイギリスの元ブレア首相は、後にその誤りを謝罪したが、国連は適切な戦争防止措置をとることはできなかったし、戦後も何も問題にしていない。

四　日本の憲法九条で世界の多数派形成を

国連は、安保理の賛成を得て集団的自衛権を行使できる立場にあるが、集団的自衛権はその管理と運用を誤れば、違法というべき戦争を集団で引き起こす諸刃の剣のようなものである。また国連の管轄外でも、先ほどのアメリカ主導のイラク戦争のように、集団的自衛権の行使が誤りを犯すおそれがある。

結局、こうした事例を考えると、重要なのは、国連に加盟している一つ一つの国が国際紛争の解決手段として戦争をとるか平和的手段をとるか、それをどのようなかたちでその国の国是としているのかである。いくら、国連憲章が国際紛争の平和的解決をうたっていても、集団的自衛権を認めている限り、集団的自衛権の行使に加わって戦争も辞さないという国連加盟国が多ければ、戦争を手段とする方法が選択されやすい。国連憲章に立脚する国連の国際平和維持機能を改善していく観点に立つとともに、究極的には、世界の国が日本の憲法九条のように「永久戦争放棄」を、コスタリカのような常備軍の廃止を、スイスのように「永世中立」を国是として、国連の多数派が形成されていく以外にないと思われる。

コラム 6

日本国憲法は果たしてアメリカの「押し付け」か

山田　稔

はじめに

ポツダム宣言はその第六項で、

「吾等ハ無責任ナル軍国主義カ世界ヨリ駆逐セラルルニ至ル迄ハ平和、安全及正義ノ新秩序カ生シ得サルコトヲ主張スルモノナルヲ以テ日本国民ヲ欺瞞シ之ヲシテ世界征服ノ挙ニ出ツルノ過誤ヲ犯サシメタル者ノ権力及勢力ハ永久ニ除去セラレサルヘカラス」

と述べていた。従って、ポツダム宣言を無条件で受諾した以上、大日本帝国憲法に代わる新しい憲法の制定が必要なことは明らかであった。

一九四五年一〇月四日、マッカーサー（連合国軍最高司令官）は近衛文麿国務相と会談。憲法改正を示唆した。一方、民間でいち早く同年一一月一〇日、「主権は人民にある」との「新憲法の骨子」を発表したのは再建されたばかりの日本共産党であった。また、憲法学者や文化人を主体にした「憲法研究会」が一一月五日に発足、何回かの会合を経て、同年一二月二六日、「憲法草案要綱」を発表した。これが、日本人の手になる最初のまとまった憲法草案だったといえよう。憲法研究会のメンバーであり、後にＮＨＫ会長に就任した高野岩三郎は一一月二一日、「天皇制ヲ廃止シ、之ニ代ヘテ大統領ヲ元首トスル共和制ヲ採用」する「日本共和国憲法私案要綱」を書き上げていた。

一 「天皇制」の扱いが一つの焦点に

新しい憲法の制定にあたって一つの焦点になったのは、天皇制の問題だったといえよう。オーストラリア・ニュージーランド・フィリピン・ソ連など多くの連合国は天皇に戦争責任があるとして、天皇制の廃止、または戦争犯罪人としての処罰を求めていた。また、アメリカの国民世論も、同じように天皇には戦争責任があるというのが多数であった。しかし、日本を実質上、単独占領したアメリカ政府は、天皇制には利用価値があり、存続させるべきだと考えていた。

一九四六年二月末には初めて「極東委員会」が開かれ、連合諸国の代表によって日本の占領政策が論議されることになっていた。アメリカは、それまでに連合国を納得させられる新憲法の骨格を作っておきたかった。ところが、幣原内閣が用意しようとした「憲法改正要綱」（松本案）は、「天皇ハ至尊ニシテ侵スヘカラス」などと、明治憲法の表面的な字句の修正だけで済まそうとするものであることが、二月一日、毎日新聞のスクープによって明らかになった。これでは、連合国や国際世論の了承を得られるはずもなかった。そこで、マッカーサーはこれを拒否、二月三日、ＧＨＱ（連合国軍最高司令官総司令部）の民政局に憲法草案の作成を命じた。

二　GHQ・民政局、自由民権運動時の「私擬憲法」などを参考に憲法案を起草か

民政局では、前年の一二月に発表されていた民間の「憲法研究会」の「憲法草案要綱」などを参考に、ほぼ一週間で総司令部案を起草した。「憲法草案要綱」は明治の「自由民権運動」のなかで作成された民間の憲法草案、いわゆる「私擬憲法」を基にしたものだと言われている。とりわけ重視されたのは植木枝盛起草の「東洋大日本国国憲按」だったと思われる（日本国憲法「第三章　国民の権利及び義務」のほぼ二〇項目が「東洋大日本国国憲按」の「第四編　日本国民及日本人民ノ自由権利」のそれを踏襲している）。従って、日本国憲法の源流は明治の「自由民権運動」の際の「私擬憲法」にあったとも言えるだろう。

アメリカは、開戦の翌年（一九四二年）には将来の対日占領に備えて、国務省内に「対日戦後処理政策立案のための研究グループ」を組織し、各種の資料収集と研究をすすめていたことも見落とすことはできない。

こうした経過で二月一三日、GHQから幣原首相に総司令部案が示された。「これを受け入れなければ、天皇の地位は保障できない」旨示唆されたので、幣原首相はやむをえず総司令部案を受け入れたという（従って、もし「押し付けられた」というのであれば、それは「天皇制護持」にしがみつこうとした当時の古い頭の為政者たちであったというべきだろう）。

その後、日米共同委員会で論議が行われ、四月一七日、最終的な政府の「憲法草案」が発表された。なお、「戦争放棄」を規定した憲法第九条は、マッカーサーとの会談の席で、幣原首相が提案したと言われている。

三　男女平等の総選挙で選ばれた新しい国会で慎重審議

新憲法は、四月一〇日に男女平等の普通選挙で選ばれた新しい衆議院と枢密院および貴族院（後の参議院）にはかられ、三カ月半かけて審議、いくつかの修正が行われた（例えば、国民主権や生存権の明記、公務員の不法行為に対する国家賠償請求権など）。こうした経過を経て、一〇月七日、可決・成立した（公布は一一月三日）。

明治の自由民権運動の際には数十の民間の憲法草案（「私擬憲法」）が作成された。それに比べて、残念ながらこの時期は戦後の混乱期、食料難のなかで、民衆は自分たちの手で憲法案を作る余裕はほとんどなかった（ただし、憲法学者・古関彰一によると、当時、民間で作成された憲法草案は十数本あったという）。しかし、民衆が新しい「日本国憲法」を歓迎したことに間違いはない。一例を挙げておく。

一九四六年五月二七日付「毎日新聞」世論調査

象徴天皇制について	支持	八五%	反対	一三%
戦争放棄について	必要	七〇%	不必要	二八%
国民の権利・自由	支持	六五%	修正	一七%

〔参考文献〕

植木枝盛『東洋大日本国国憲按』岩波書店、一九九一年「植木枝盛集」第六巻
鈴木安蔵『憲法制定前後―新憲法をめぐる激動期の記録』青木現代叢書、一九七七年
家永三郎『歴史のなかの憲法』東京大学出版会、一九七七年
古関彰一『日本国憲法の誕生』岩波書店、二〇〇九年

第Ⅲ部　執筆者座談会

執筆者座談会「日本近現代史の底流を探る」

井口和起　近藤學　成瀬龍夫　山田稔（五〇音順）

（二〇一九年一一月二一日、滋賀大学大津サテライトにて録音）

成瀬：この座談会は、日本近現代史の背後にある、あるいはその底部にあって普段見過ごしているるような問題を掘り起こして自由にディスカッションしてみようというものです。

あらかじめ、皆さんにいくつかのテーマを提示してありますので、それに沿って議論していきたい。

歴史認識の価値絶対主義と価値相対主義をどう考えるか

成瀬：最初の問題は、寛容とか多様性の名のもとに、歴史認識における価値相対主義、バリューフリーの考え方が広がっているように見えます。相対主義は事実の真理性や絶対的な価値基準を否定し、結局のところニヒリズム（虚無主義）に陥るという懸念も指摘されています。ここで取り上げる歴史修正主義は、現憲法を否定する面では価値相対主義にみえますが、しかし、戦前の天皇制国体の復活を求める点では価値絶対主義という側面もあります。価値相対主義と価値絶対主義、これは難しい問題ですが、どうでしょうか。

近藤：えーっと、歴史相対主義という言葉についてはは私は良くわからないんですが、歴史の認識のなかで、人類の共通認識として絶対に後退させてはならない重要な「絶対」といってよい価値判断があるということは理解できます。例えば他国や他民族を侵略したり、植民地にすることは今や国際法違反であり、戦闘意思を持たない捕虜を殺したり、虐待することも人権の観点から許されないことです。同様に人種差別を煽ったり、そうした思想を広めることも許されるべきでなく、現に法律で禁止している国もあります。こうした原則や価値判断は多くの歴史的反省の上に、国際社会において確立されてきたもので、原則とともにその歴史を含めて理解し、これを未来に繋げてゆく、そういうものがあるということ、それが絶対的な価値なのかなと私は理解しています。

井口：E・H・カーは著名な『歴史とは何か』（岩波新書、一九六二年）の中で何か歴史の外にあるものに絶対的価値を置いて、そこから歴史の出来事について判断をすることは誤りだと言っているのです。歴史の外にあるものとは、カーの言葉を借りると理神論者のいう「見えざる手」とかヘーゲルの言う「世界精神」とか。そういうもので歴史上起こってきた出来事の価値を判断するというのは、歴史とは無縁だと。歴史的な考え方はそうではなくて、歴史そのものの中から判断しなければいけない。だからこそ、「歴史とは歴史家と事実との間の相互作用の不断の過程であり、現在と過去との間の尽きることを知らぬ対話なのであります」と言うのです。そういう相互作用だから、歴史は常に書き換えられるということを前提にしておかねばならないと思います。これは今私たちが問題にしている歴史修正主義とはレベルの違う問題なんですがね。

では、歴史は常に書き換えられるものだから、歴史的な価値判断は不要かというと、そうではないと私は思います。一つヒントになるのは、当時東京都立大学教授だった佐々木隆爾さんが「戦後史をどのように構想するか」（歴史教育者協議会編『新しい歴史教育』二、大月書店、一九九三年所収）で書かれていた視点ではないかと思います。彼は日本国憲法を日本国民の規範を示す文章としてではなく、歴史を理解するための権威ある文献として、とりわけ戦後史の包括的なイメージを示すものとして読み解くと、第二次世界大戦後、人類史はどのような段階に到達しているかを示していると言うのです。詳しくは紹介できませんが、第一は人類社会が戦争を放棄し恒久平和への軌道を歩み始めた時代、第二は、現代が民衆の自治能力が高まり、世界中の民衆がさまざまな困難を克服し、民主主義社会をつくりあげる展望が生まれた時代である。しかし、第三に覇権主義的な思想や行動に対抗して平和的共存の思想が力と権威を増しつつある時代と位置づけるのです。憲法前文のいう「平和を維持し、地上から専制と隷従、圧迫と偏狭を永遠に除去しようと努めている」、「全世界の国民が、ひとしく恐怖と欠乏から免かれ、平和のうちに生存する権利を有する」という崇高な精神を確認しつつも、なおそれがすべての国や人びとに遵守される原理とまではなっていない過渡的時代であるからこそ、「日本国民は、国家の名誉にかけ、全力をあげてこの崇高な理想と目的を達成することを誓ふ」のだというのです。

こういうふうに現代を捉えたなら、じゃあ私たちは何を価値の規準として未来に向かって伝えるべきで、何を克服しなければならないかが分かってくる。これは非常にはっきりしていて分かりやすいんではないでしょうか。これをひっくり返そうというのが今の歴史修正主義じゃないですか。

近藤：歴史修正主義は歴史的事実を内からではなく外から判断しようとしている。むしろフェイクを使って破壊しようとしている。

井口：そうそう。歴史の否定と言った方が良いかもしれませんね。カーの言い方でいえば、思想上の「未練」学派なのでしょうね。カーはロシア革命史の研究者でもあるのですが、こんな面白い書き方をしています。ボルシェヴィキの勝利が生んだ結果のために損害を蒙った人々、あるいは、この結果が更に生むであろう遠い帰結を恐れている人々は、ボルシェヴィキの勝利に対する自分たちの抗議を記録にとどめたく思うもので、なぜ彼らの快い夢が実現しなかったのかを説明するために自分の仕事を淡々と続けていく歴史家に腹を立てる。現代史が面倒なのはすべての選択がまだ可能であった時期を人々が覚えているためで、これらの選択が既成事実によって不可能になっていると見る歴史家の態度が受け容れ難いと感じているためです。これは純粋に感情的で非歴史的な反応であると述べています。これがカーの言う「未練」学派ですから、起こった事実を認めたくないという感情的で非歴史的な態度から、あれこれと言い立てて結局は歴史を否定する言辞を弄するということですね。なんだか、いろんな評論家や文筆家、テレビに出てくる解説者などが浮かびますね。

成瀬：歴史修正主義者の本音が見えてきましたね。

井口：価値判断にかかわって、カーの言っていることをもう一つ紹介しておきます。自由と平等、正義と民主主義などの抽象的観念は思想に欠くことのできない範疇なのだが、私たちがどれくらいの自由を誰に与えようというのか、私たちが誰を平等な仲間と認めるのか、どの程度までなのか、こういうことを具体的に言わなければ意味がない。その抽象的な観念に具体的で特殊な歴史的内容が与えられていく過程は一つの歴史的過程なのだと。これを印刷された小切手に具体的な宛先と金額を書き込むことになぞらえて書いています。別の言い方をすれば、私たちが人権とか民主主義とかという言葉で表す場合も、それを歴史の外において、自分の持っている一般的で抽象的な民主主義論や人権論で歴史を切ってゆくことは歴史にとっては無縁だと言うのです。一番大事なことは、民主主義という言葉で語られている中身が、今の時代はどういうものが民主主義として語られていて、将来それを充実させるためには、さらにどういう豊かな中身にしていかなければならないか、ということに歴史的な意味があるのです。そう考えると、どの問題もそうなるんですね。人権だっておそらくこれからどんどん発展していくでしょう。語られるべき、守られるべき人権なども、戦後になってどんどん豊かになってきた。それが国際法の中で現れれば、国際人道法でしょうね。「人道に対する罪」というのは、もう永遠に時効がない、というふうな考え方も現れ、豊かになってきている。それを受け継ぐ。その地平に立って反省すべきことは何かを明確にしないと、われわれの描く歴史像というのは出てこない。そういうことを全く考えないのが歴史修正主義の人々ではないでしょうか。余計なことを言いました。進めてください。

国民の戦争責任をどう考えるか

成瀬：次のテーマに移ります。国民の戦争責任をどう考えるか。

山田：東大の高橋哲哉さんなどが日本の戦争責任について、きちんと取り上げて問題提起をしています（高橋哲哉『戦後責任論』講談社、一九九九年）。しかしそれが大きな議論にならない状況がある。

近藤：日本人の戦争責任意識の欠落には、天皇の戦争責任が問われなかったという問題だけではなく、戦犯追及を曖昧にした戦後の冷戦体制とも大いに関係があるのではないですか。

成瀬：それはあたっていると思うが、もっと直接的に国民の責任の感じ方を考えてみたい。例えば、東京軍事裁判ね。当時のほとんどの国民にとって具体的な関心が少なかったと思うんですよ。国民にとって、戦争はもう終わった、裁判どころじゃない、毎日腹がすいて、食糧をどう確保するか関心はそちらに向いている。ラジオを通じて裁判の進捗状況が知らされるけれど、それは国民にとっては戦時中に参謀本部から聞いた報道内容と違うじゃないかということで、多くの人の認識が正されるる部分があったかもしれないけれど、大半の人は戦争責任問題など深刻に感じずに、やり過ごしている。

近藤：日本と同じ立場の枢軸国のイタリアではパルチザンが戦争裁判を行った。

成瀬：イタリアは自ら戦争犯罪や戦争責任を裁いた国と言われるけれども、大きな顔して裁判できないよ。だってそのちょっと前まで枢軸国だった。僕はイタリアに在外研究で一九九四年にミラノにいたとき、デモがあった。なんのデモかと聞いたら「戦勝記念日」だという。えっと驚いた。ムッソリーニがミラノで吊るされたのは知っていたけれど、イタリアが戦勝国になっていたとは知らなかった。お恥ずかしいですが。

井口：だけど、軽い刑にしたか重い刑にしたかじゃなくて、自らが裁く経験をしたか、しないかということがすごく大事なことじゃないですか。日本では、責任を問うのではなく、東久邇宮稔彦の内閣が「一億総ざんげ論」を唱えた。あれは開戦責任は問うていないのです。何を、誰に向かって懺《ざん》悔《げ》しているのかと言えば、敗戦の責任を天皇に向かって国民が懺悔している。臣民の総懺悔なんですよ。天皇に忠義を尽くせず、十分な働きもできず、私どもは敗れてしまいました、なんというバカバカしい話ではないですか。

でも占領軍は（それでは）具合が悪いわけです。だから東久邇宮内閣は退陣させられてしまうわけです。具合悪いっていうのは一方で東京裁判をやらなきゃいけないから、開戦責任は誰か、犯罪人を作らなきゃいけないでしょ。その場合天皇を戦犯にするかどうかというので、オーストラリアやカナダ、合衆国にも天皇の責任を問えという民衆の声はあり、占領軍は迷うけれど、結局は冷戦構造の中で天皇制を利用したいから戦争責任は問わなくなり、天皇制も形を変えて残す。そのことで国民自身の責任論もどこかへ行ってしまった。東京裁判で戦争責任に一応のケリをつけた形になったのだけれど、また、さっきの「未練」学派が騒ぎ出しているようです。具体的に言えば、サンフランシスコ講和で東京裁判の結果を認めたにもかかわらず、あれは戦勝国がかってに裁いた東京裁判だから、あんなものに縛られる必要はないなどという議論が罷《まか》り通る。

サンフランシスコ講和条約は第一一条で「日本国は、極東国際軍事裁判所並びに日本国内及び国外の他の連合国戦争犯罪法廷の裁判を受諾し、且つ、日本国で拘禁されている日本国民にこれらの法廷が課した刑を執行するものとする」と明記しているにもかかわらずだから、もう支離滅裂ですよね。私たちもそういう日本の国民の一人だから、地道に一つずつ崩してゆくしかないんじゃないかな。後の質問とも関連するんだろうと思うけれど、問題になるのは、やはりその時代に生まれてもいなかった、生まれてはいても意見も言えない幼い赤ん坊だった、そういう世代以降の人たちに、なぜ責任が残るのか……。

近藤：戦後の世代の戦争責任について思うんですが、親の世代の行為であったとは言え、同じ日本人である以上、アジアの民衆に消すことのできない被害を与えたと、これはなかったことにはできない。で、その過去の過ちを償うために我々戦後世代にできることは、ポツダム宣言の趣旨を守り、新憲法の趣旨を守り、国連憲章や国際人権規約を守り、日本を再び戦争を企てる国にしない、ということではないか。さらには「植民地支配の責任」とも関係するんですが、国際人道法の趣旨をさらに発展させてゆくことではないか。これが戦争を知らない世代の戦争責任の取り方ではないかと思っています。ドイツでは「罪」と「責任」を分けて考えています。若い世代には罪はないけれども責任はある。こういう整理が必要ではないか。

井口：朝鮮の植民地支配について見てみると問題の構造がよくわかるように思います。第一は、戦争に敗れたから大日本帝国の領土の一部である朝鮮を取り上げられたという感覚です。植民地支配をしていたが、独立運動の力に押されて朝鮮が独立することを認めざるを得なかったというような意識は日本人には全くなかった。敗戦直後から日本政府は連合国との講和を想定して検討を開始しますが、その最初のまとめの表題はなんと「割譲地に関する経済的財政的事項の処理に関する陳述」。植民地の喪失は「大日本帝国」領土の「割譲地」と意識されています。次いで、『日本人の海外活動に関する歴史的調査』がまとめられますが、その序文で総括的な文章を書いているのが鈴木武雄東京大学教授（元・京城帝国大学教授）で、日本の旧植民地に対する施策は決して「植民地」に対する「搾取政治」ではない、公有私有を問わず日本の財産は正常な経済活動の成果である等々に始まって、植民地の近代化と文化の向上に積極的な役割を果たしたなど、現在、歴史修正主義の人たちが唱える主張の主なものがすべて述べられています。日本の植民地の喪失過程が、終戦と呼ばれる事態によってもたらされたことで、現代の植民地支配責任論などにつながる思想的な検討などはまったく生まれなかったと言わねばならないでしょう。それが今もまだ続いている状況ですね。

もう一つ。ここはアメリカの工作もあったのかもしれないけれど、原爆投下論ですよね。原爆投下によって日本は敗戦を迎えたと。これはアメリカでは徹底的に（日本）国民に宣伝し、教育した。（だから）日本が中国との戦争に敗れたのだという意識は生まれてこない。

ところがアメリカではそれは違うと、あれ（原爆投下）は冷戦構造の産物で、アメリカの反共世界戦略のための原爆投下だったんだということをアメリカ人の研究者が主張すると、逆にそれが歴史修正主義だと言えなくもない。でもそれはそれで正しいことだと認められてゆくというきっかけにもなる。最近の日本の若者たち、高校生なんかがアメリカに行って原爆の被害について一生懸命に発信し、事実を伝えてる。そういうのはとても大事な活動だと思う。小さい営みだけれど、いろいろやってはいるんですよ。若い先生たちが日中韓の青年のキャンプをやって、三カ国の中学生や高校生が集まって議論している。全然違う教育を受けてきた連中がね。ですから、そういう小さな努力はされているんだけれど、なかなか国民全体のものになっていない。

憲法と主権者教育・平和歴史教育　―社会科の大切さ―

成瀬：今の発言を受けて皆さんに聞きたいのは、僕は今回の執筆にあたって戦後日本の主権者教育、平和教育、歴史教育をちょっと振り返ってみました。その中で知ったことですが、「新憲法ができた、さあ主権者教育をやらなければならない」ということになった。で、この点は本当に日本人にとって幸いだと思ったのですが、占領軍のＣＩＥ（民間情報教育局、日本の文化・教育を改変する機関）が日本の学校教育の再編成、すなわち戦前の修身、地理、歴史に代えて「社会科」を導入すべきとした。総合的な社会科教育の導入をすすめたわけです。これは、占領軍の意図は別にして、僕は結果的に高く評価したい。あのおかげで日本人はようやく主権者に育ってゆくという人格形成の目標、それに対応した教育の位置づけがなされて社会科教育がスタートする訳です。ですから今でも学校の社会科の先生たちが頑張っている部分には、どこかそういう戦後社会科のスタート時の頑張りのＤＮＡが入っているような気がするんだけれども。

ところがサンフランシスコ講和条約のあと、いわゆる「教育の反動化」が起こった。そして社会科教育の解体が始まってゆくわけです。その解体の方法が科目分離です。総合教育ではなく。それとともに、社会科教育の役目は主権者形成教育だというはっきりした目標、定義はなくなってしまう。結局は情報化とか国際化とかグローバル対応の日本人を作らなければならんという方向にばっかり行くわけですね。インターネットのサイトで社会科教育の先生の書いているものを読むと、社会科の解体で自分たちの役割が果たせなくなったことを地団太踏んで悔しがっている。だからもう一遍、総合社会科を復活させようという呼びかけをする……。その辺はどうですか？

山田：社会科の解体というのは、高校の場合は地歴と公民となった。

井口：それは割合新しく出てくるね。一九五〇年代じゃないよ。それ自体はね。

山田：それは八〇年代末です。

成瀬：最も早くその傾向が出てくるのは昭和三〇年代から……。

山田：高校の場合は社会科の中に現代社会という科目があった。ある程度、現実の社会問題を教材として取り扱ってゆくことができた。それが地歴と公民という風に分かれて、もうできなくなってしまった。それは僕は歴史修正主義という名前はついていないけれども、ひとつの源流ではないかと思っている。近年では「歴史総合」が出てきて、またややこしくなった。

成瀬：結局ね、何を社会科教育としてやるのか、本当に混沌としていますよ。良いも悪いもない、はっきりしていないということがよくわかる。だから官僚が作ったガイドラインという感じがするけどね。

近藤：近現代史の教科書の記述はそれなりに充実してきてるという指摘もあります。どうなんですか。近現代史は学校で教えられていないのか、教えられているのかがよくわからない。僕の感じでは近現代史が教科書に書いてあるかもしれないけど、授業としてそこまでいかない……。がんばって（近現代史を）やる教師もいれば、別の方向を向いている教師もいる。結局、担当する教師の主体性に委ねられている。

中国式戦争責任（軍民分離）論の功罪

成瀬：戦争責任論として中国式の独特な考え方についても取り上げさせてください。中国共産党の方針としてよく知られていますが、国民一般、あるいは下級兵士は戦争の被害者で責任はないんだという考え方。僕はどういうわけか、早い段階からこの考え方に抵抗感があった。一見きれいな公式だけれど、しかしそんなことを言えば国民の戦争責任の自覚というものが生まれるのか、発達するのか。これを言い出したのは蒋介石らしい。

井口：この時期の中国、日本の敗戦期の中国国内の政治的対抗関係を十分考えておく必要があるように思います。というのは、中国はすぐに内戦に入って行って、一九四九年に中華人民共和国が成立するでしょ。この内戦期には両方とも日本の軍人とか病院関係者を自分の味方に入れなきゃいけないんですよ。内戦の中での戦略的な発言であり、日本人に対する呼びかけという側面もあったのではないでしょうか。お前らも責任があるってやったとたんどうなるかと言えば、死ぬまで戦いますよ、日本の兵隊たちは。そんなことになったら、えらいことになるだけの話でしょ。

成瀬：それは非常によくわかる。そういう発想は中国の歴史にはなかったんですか。

井口：これは、実はすごく伝統的な儒教の統治の方策ではないでしょうか。中国はしょっちゅう王朝も変わるし、内乱が起こるでしょ。日本の戦国時代の大名と同じですけど、新しい領地を獲得したらその住民を慰撫せんとあかんでしょ。前の支配者は悪かったから、お前らは被害者だよ、おれが解放してやるんだから……というのが中国四千年の歴史。こういう思想が中国には根底にあるから、別に現れても不思議ではない気はしますけど。

成瀬：それはそうだと思うんですが、それが日本の国民にいい影響を与えたのか、悪い影響を与えたのか。

井口：実際に救われたという実感をもって帰って来た兵士たちはたくさんいます。

成瀬：大陸からの引揚者で中国にお世話になっているという意識はあっても、自分たちは侵略者的存在であった、反省しなければならないという風にはなかなか。

近藤：戦争の加害者も被害者も他人の戦争体験は話せても自分の体験はなかなか話せない、そういうもののようですね。

井口：そりゃあ語らないですよ。もう死ぬ間際になって、私がいくつか聴き取りできた南京虐殺の日記を公開した京都の丹後の元軍人さんなんかでも、本当に死期を悟っていて話されたし、日記も公開されたのです（井口和起ほか編『南京事件京都師団関係資料集』青木書店、一九八九年）。お会いしてから一年か一年半後くらいに亡くなられましたね。仏壇の前で話をしてくれましたけど、ここで話しておかないと、あの世に行ったときに自分が手にかけた中国の人びとに会わせる顔がないというか、何かそういう気持ちになっていろいろと話をされました。自分の父親や爺様が死ぬまで何も話さなかったという人は沢山いますよ。話せないんですよ。本当に苦しく嫌なことって、ようやく年老いて、自分の寿命があるかないかわからない時期になって初めて話せるものなのでしょ。慰安婦問題など、加害でなく被害でも話せないのです。被害と加害というのは、その受けた当事者が話をするかどうかはとても難しいですね。

上から言われなくても伝統文化を大事にする日本人

成瀬：次は「新しい歴史教科書をつくる会」の人たちや最近亡くなった中曽根康弘元首相が強調してきた問題を取り上げます。

日本の歴史修正主義の運動は「新しい歴史教科書をつくる会」（一九九六年一二月発足）からはじまったといってもよいですが、その中心メンバーであった藤岡信勝氏の『「自虐史観」の病理』（文芸春秋）は「戦後の歴史教育は、日本の受けつぐべき文化と伝統を忘れ、日本人の誇りを失わせるものでした」と書いています。中曽根元首相も『保守の遺言』（角川書店、二〇一〇年）において、「日本の伝統は何か」「大切にしたい歴史や固有の文化」を聞かれて、明確に答えられる日本人がどれだけいるかという。中曽根元首相は「わび」「さび」「もののあわれ」などもあげていますが、歴史修正主義の人々や元首相が真実求めている答は、第一に「万世一系の天皇の存在」ということですね。

世論調査（内閣府「日本・日本国民について誇りに思うこと」という質問への答え、二〇〇九年）をみてみたことがあります。「美しい自然」六五・四％、「歴史と伝統」六四・六％、「文化や芸術」五八・四％、「治安のよさ」五九・〇％などです。わが国の歴史や伝統、文化が国民の誇りの上位にあり、「自虐史観」批判者の心配はまったく当たっていません。今では、外国人がどんどん日本にやってきて、日本の伝統文化を大いに楽しんでいる。

たとえば大相撲でもやたら「神事」ということを言い出したね。女性が土俵に上がるのを禁止していることもそのせいにして。天皇制以外にも日本の誇るべき伝統文化はたくさんあると思う。日本は、歴史修正主義とは違う意味で伝統を大事にしていない。

井口：それはいい指摘ですね。歴史修正主義の人たちが今、懸命になっている日本の伝統というのはほとんど天皇にかかわって選択されている。それは日本のごく一部の文化であって、それ以外の庶民の文化などは、なかなか視野に入ってこないという話だろうと思います。

　歴史修正主義の人びとが言う伝統文化論は、中根千恵の「タテ社会」の人間関係論や加藤周一の「雑種文化論」などの日本文化論のようなレベルの話じゃあないんです。だから、われわれのこの研究会は日本文化一般にまで議論を広げる必要はないんで、修正主義の人びとが言っている日本文化っていうのは本当に偏った、ごく部分的なもので、本当の意味で日本の伝統を全部、尊重しようなどと言うことでは全くないんですよ、ということを誰かが書いていただければいいんじゃないかと思います。

山田：僕は本日資料を作ってきましたが、「つくる会」の教科書を検討すると、まったくご都合主義。「日本人の誇りを取り戻す」ということをスローガンにしているが、ところが民衆の闘いは全部無視するか、消極的に扱うか。幕末の世直し一揆は全然書いてない。あれが江戸幕府を倒す力になった。薩長が倒したんじゃない。倒したんじゃないというのは少し言い過ぎかもしれませんが、根本的には民衆の蜂起で倒れた訳ですよ。幕末の討幕派と幕府の間に戦争がありましたね。戦争は兵隊だけでできない。兵糧を集めて戦わないいかんからね。それを民衆が供給した。大きく見れば、その結果、江戸幕府が倒れた訳ですよ。

ところがそうしたことはまったく書いてない。自由民権運動なんかも書いてない。無視してる訳です。自分らの都合の悪いことは全部削る、完全にご都合主義になっている。日本人の誇りを取り戻すんやったら民衆の闘いが日本の歴史をつくってきたということを書かないかん。それは全部切ってる訳です。で、今度の天皇の代替りで「伝統にもとづく」京絵巻風の儀式を大々的にやりましたけれど、あれも明治になってから始めたことで、二〇〇〇年間断絶してました。大嘗祭は、江戸時代までは唐風の儀式をやっていた。それを日本の伝統と言っている。

天皇家は古い名家であっても「万世一系」にあらず

成瀬：最後に皆さんのご意見を伺いたいが、日本の天皇家は本当に途中で途切れることなく安定して続いてきたのか。欠史八代説、河内王朝説、南北朝の対立など「万世一系」はあやしいですね。しかしそれでも、非常に古い家系らしいということは歴史研究者も認めざるを得ないようですね。

山田：南朝と北朝と二つの朝廷があったけれど、何代かさかのぼってゆくと繋がっている。

成瀬：天皇家というものが古くから権威ある存在として存在してきた秘密は何か。いろいろ調べてみたけれど、様々な伝統的要素、側面がある。まず全国津々浦々の神社の宗家的存在であったこと。伊勢神宮が天皇家の祖先神を奉っていますが、その権威は「お伊勢参り」を見ればわかる。しかし、伊勢参りの庶民の中には、「伊勢神宮はお伊勢様を奉っているところだ」という認識の人もいた。また、公家が古い時代に、地域共同体にさまざまな営業権を保証して権威を保持してきたことがある。朝廷に奉仕させて税負担を免除することもある。こうした関係で天皇・公家は社会に対して絶大な権威を有し、それを土着化させることになる。そういう共同体文化や生産・職業に結び付いて地域で土着化した基盤がない支配的権威は何百年以上も続かない。

山田：しかし、天皇家のルーツはどこからきたかはわからない。

成瀬：平成天皇が、天皇家のルーツは朝鮮だという発言をされてちょっとした騒ぎになりましたね。

山田：継体天皇以降ははっきりしている。継体天皇はどこから来たか。

成瀬：それは滋賀県や。

（一同笑い）

成瀬：じゃあ話のオチがついたところで、これで終わりたいと思います。長時間どうもありがとうございました。

付録　歴史修正主義関連年表

年代	文　　献	主なできごと
1940年代		1945. 6.26　国際連合憲章制定 1945. 8.15　日本、無条件降伏。ポツダム宣言受諾 1945. 9. 5　東久邇宮内閣が施政方針演説で「一億総ざんげ」 1945.10.15　治安維持法、勅令により廃止 1945.11.20～1946.10. 1　ニュルンベルク裁判（西独） 1945.12.15　GHQ、「神道指令」を発令し国家神道を廃止 1946. 2. 1　ポツダム勅令により軍人恩給制度を廃止 1946. 6.18　イタリア、共和国成立により国旗を変更 1946.11. 3　日本国憲法公布（1947.5.3施行） 1946.10.25～1949. 4.14　ニュルンベルク継続裁判（西独） 1946. 5. 3～1948.11.12　東京裁判 1946. 8. 5～1949.12.14　慰安婦問題でバタビアBC級戦犯裁判（インドネシア） 1947. 11　日本遺族会（日本遺族厚生連盟）発足 1948. 4.14　朝鮮学校の閉鎖に反対する運動に

	1949. 1　横田喜三郎『戦争犯罪論』法学選書	対し、非常事態宣言を布告し警察を動員した「阪神教育事件」発生 1948. 6. 19　国会、教育勅語の廃止を決議 1948. 12. 10　国連総会、「世界人権宣言」採択 1949. 5. 23　西ドイツ、ボン基本法制定により国旗を変更
1950年代		1950. 6.25〜1953. 7.27　朝鮮戦争 1951. 9. 8　サンフランシスコ講和条約および日米安保条約締結（1952.4.28発効） 1952. 4. 30　戦傷病者戦没者遺族等援護法、公布施行 1952. 5　法務省の通牒により戦犯の公民権回復が認められる 1953. 8. 1　旧恩給法改正により軍人恩給制度復活。旧植民地出身者には適用されず 1953. 10. 2　池田・ロバートソン会談 1955. 12. 15　保守合同、自由民主党発足 1956. 12. 18　日本、国連加盟決まる 1959. 4　春季例大祭でBC級戦犯の靖国合祀行われる
1960年代	1962. 3　E.H.カー『歴史とは何か』岩波新書 1964. 1　林房雄『大東亜戦争肯定論』番町書房 1967. 1　鈴木安蔵『憲法学三十年』評論社	1960. 6. 23　新安保条約批准、岸内閣退陣 1961. 12. 15　ナチ戦犯アイヒマン裁判、死刑判決（イスラエル）

	1968. 1 家永三郎『太平洋戦争』日本歴史叢書	1964. 4 戦没者叙勲、再開される 1965. 2. 7〜1975. 4.30 北爆再開、ベトナム戦争 1965. 6. 12 教科書検定制度の是非判断を求めて第一次教科書裁判提起（家永教科書裁判） 1965. 6. 26 日韓基本条約および請求権協定締結 1966. 12. 9 建国記念日を2月11日とする政令公布 1967. 6. 25 不合格処分の取り消しを求めて第二次教科書裁判提起 1969. 1. 18 東大紛争、安田講堂封鎖解除 1969. 6. 30 自民党、「靖国神社法案」を提出（以後、5回提出されるも「信教の自由」抵触などにより1974.6.3廃案）
1970年代	1971. 8〜12（朝日新聞の本多勝一『中国の旅』連載を契機に「南京大虐殺否定論」が登場） 1973. 1 千田夏光『従軍慰安婦』双葉社 1975. 1 井上清『天皇の戦争責任』現代評論社 1977. 9 家永三郎『歴史のなかの憲法（上）』東京大学出版会 1977. 11 鈴木安蔵『憲法制定前後—新憲法をめぐる激動期の記録』青木現代叢書	1970. 7. 7 第二次教科書裁判、東京地裁判決（杉本判決） 1970. 10. 26 安重根義士紀念館開設（韓国） 1972. 9. 29 日中共同声明 1973. 1. 27 ベトナム和平協定調印 1974. 7. 16 第一次教科書裁判、東京地裁判決（高津判決） 1975. 8. 15 三木首相、靖国神社私的参拝 1976. 2. 6 ロッキード疑獄発覚 1976. 11. 10 政府主催「天皇在位50周年」記念

		式典 1978.10.17　靖国神社が「昭和殉難者」（国家の犠牲者）としてA級戦犯を秘密裏に合祀。以降、天皇は参拝を中止
1980年代	1980. 1　山住正己『教育勅語』朝日選書 1983. 8　永原慶二『皇国史観』岩波ブックレット 1984. 3　大江志乃夫『靖国神社』岩波新書 1984. 9　荻原富士夫『特高警察体制史』せきた書房 1986. 1　吉田裕『天皇の軍隊と南京事件』青木書店 1987. 3　田中彰『明治維新観の研究』北海道大学図書刊行会 1987. 8　歴史学研究会編『いま天皇制を考える』青木書店 1988. 1　児島襄『天皇と戦争責任』文藝春秋 1988. 6　岩井忠熊編『近代日本社会と天皇制』柏書房 1989. 2　油井大三郎『未完の占領革命』東京大学出版会 1989. 12　井口和起ほか編『南京事件京都師団関係資料集』青木書店 1989. 11　南京戦史編集委員会編『南京戦史』偕行社	1980. 1.10　共産党排除の社公連合政権構想合意 1980. 5.18　光州民衆抗争。全斗煥らの戒厳軍が市民を虐殺（韓国） 1981. 10　日本を守る国民会議発足（1997日本会議に合流） 1982. 6.26　第一次教科書問題。「侵略」を「進出」に。近隣諸国条項作られる 1982.11.27　第一次中曽根内閣成立 1984. 1.19　国の裁量権の逸脱を争う第三次教科書裁判提訴 1985. 1.25　中曽根首相、施政方針演説で「戦後政治の総決算」 1985. 5. 8　ヴァイツゼッカー大統領の有名な演説「荒れ野の40年」（西独） 1985. 8.15　中曽根首相、靖国神社に初の公式参拝 1985. 8.15　侵華日軍南京大屠殺遭難同胞紀念館（通称、南京大虐殺記念館）、オープン（中国）

		1986. 6. 4　第二次教科書問題。中国が一部の高校教科書を批判 1986　ナチズムを相対化する「歴史家論争」起きる（西独） 1986. 4. 26　チェルノブイリ原発事故 1986. 7. 22　第二次中曽根内閣成立 1987. 6. 29　韓国民主化宣言 1987. 7. 3　バルビー裁判で終身刑の判決（仏） 1987. 12. 24　文部省・教育課程審議会、高校の社会科を廃止し、地歴科・公民科の新設を決定 1989. 1. 7　昭和天皇死去、「平成」改元 1989. 6. 27　第二次教科書裁判、差し戻し審で決着。杉本判決破棄 1989. 11. 9　「ベルリンの壁」崩壊 80年代末　アジアで各地の被害者が日本の戦争責任追及の声を上げる
1990年代（前半）	1990. 2　勝野駿『昭和天皇の戦争—摂政就任から敗戦まで』図書出版社 1990. 7　藤原彰・荒井信一編『現代史における戦争責任』青木書店 1990. 10　佐々木隆爾『現代天皇制の起源と機能』昭和出版 1990. 11　高嶋信欣『教育勅語と学校教育—思想統制に果たした役割』岩波ブックレット	1990. 8. 2～1991. 2.28　湾岸戦争 1990. 10. 3　ドイツ統一 1990. 11. 16　韓国37女性団体が「挺身隊問題対策協議会」結成 1991. 8. 14　韓国、金学順さんが初めて「元慰安婦」として記者会見 1991. 12. 6　金学順さんら元慰安婦3人が東京地裁に提訴

	1990. 11　山田朗『昭和天皇の戦争指導』昭和出版 1991. 2　井沢元彦『恨の法廷』日本経済新聞社 1991. 3　千田夏光『教師のための天皇制入門』汐文社 1991. 12　藤原彰『昭和天皇の十五年戦争』青木書店 1992. 1　小堀圭一郎『さらば敗戦国史観』 1993. 10　歴史教育者協議会編『新しい歴史教育　全7巻』大月書店 1994. 1　江藤淳『閉ざされた言語空間—占領軍の検閲と戦後日本』文春文庫 1994. 4　藤岡信勝『「近現代史」の改革』を雑誌「社会科教育」に連載 1994. 7. 25　栗原憲太郎・田中宏ほか4名『戦争責任・戦後責任—日本とドイツはどう違うか—』朝日選書	1991. 12. 25　ソ連邦崩壊 1992. 1. 11　旧日本軍の慰安所設置、慰安婦募集関係の資料が発見される 1992. 1. 17　宮沢首相、慰安婦問題で謝罪。この年、韓国、フィリピン、北朝鮮、中国、台湾、オランダ、インドネシア、在日の被害者も名乗りでる。謝罪、補償を求めて裁判に 1992. 6. 19　PKO協力法成立。9月からカンボジアへ派遣 1993. 3. 16　第一次教科書裁判、決着（原告、全面敗訴） 1993. 4. 21　「日本の戦争責任資料センター」発足 1993. 8. 4　河野談話。慰安婦にお詫びと反省 1993. 8. 9　細川連立内閣発足。首相、「侵略戦争」「植民地支配」の責任を認める発言 1993. 5. 11　94年度使用の高校日本史教科書すべてに慰安婦問題について記述 1994. 1. 24　オランダ政府、日本軍のオランダ女性に対する強制売春に関する調査報告書（英訳）を公表 1994. 2. 7　韓国「従軍慰安婦」の犠牲者たちは刑事処罰を求めて東京地検に告訴したが不受理

1990年代（後半）	1995. 4　吉見義明『従軍慰安婦』岩波新書 1995. 6　小田部雄次・林博史・山田朗『キーワード日本の戦争犯罪』雄山閣 1995. 7　荒井信一『戦争責任論』岩波書店 1995. 10　坂本多加雄『象徴天皇制と日本の来歴』都市出版 1996. 3　藤岡信勝『近現代史教育の改革―善玉・悪玉史観を超えて』明治図書 1996. 3　小野賢二ほか編『南京大虐殺を記録した皇軍兵士たち―第十三師団山田支隊兵士の陣中日記』大月書店 1996. 7　小林よしのり『新ゴーマニズム宣言』 1996. 8　藤岡信勝ほか『教科書が教えない歴史』産経新聞ニュースサービス 1996. 10　西尾幹二・藤岡信勝『国民の油断』PHP研究所 1996. 10　藤岡信勝『汚辱の近現代史』徳間書店 1996. 12　豊下楢彦『安保条約の成立』岩波新書 1997. 6　西尾幹二『歴史を裁く愚かさ―新しい歴史教科書のために』PHP研究所 1997. 8　加藤典洋『敗戦後論』講談社 1997. 9　藤岡信勝『「自虐史観」の病理』文芸春秋 1997. 12　藤岡信勝ほか『歴史の本音』扶桑社 1998. 5　秦郁彦『現代史の争点』文藝春秋 1998. 7　小林よしのり『戦争論』幻冬舎	1995. 1　「自由主義史観研究会」発足（藤岡ほか） 1995. 8.15　村山政権下で終戦50年国会決議。「植民地支配」に対する「おわび」を表明 1995. 7.19　「女性のためのアジア平和国民基金」発足。挺対協など内外43団体が反対声明（2002.5打ち切り） 1995. 7.16　シラク大統領、ヴィシー政権下のユダヤ人迫害を謝罪（仏） 1995　スミソニアン博物館で原爆展論争（米） 1996. 1. 4　国連クマラスワミ報告。慰安婦問題で日本政府に法的責任を認めるよう国連人権委員会に勧告 1996. 7.20　自由主義史観研究会、教科書から慰安婦記述の削除を求めるキャンペーン開始 1996.12. 2　「新しい歴史教科書をつくる会（藤岡信勝、西尾幹二ら）」発足 1997. 2　「日本の前途と歴史教育を考える議員の会」結成。事務局長・安倍晋三 1997. 5　すべての中学社会の歴史教科書で慰安婦問題が記述される 1997. 5.31　「日本を守る国民会議」と「日本を守る会」が合併、「日本会議」発足 1997. 8.29　第三次教科書裁判終結。南京大虐

	1999. 6　秦郁彦『慰安婦と戦場の性』新潮選書 1999. 10　西尾幹二『国民の歴史』産経新聞社 1999. 12　高橋哲哉『戦後責任論』講談社	殺、731部隊などの記述検定は違憲と判断 1997　アメリカ司法省、731部隊と「慰安所」関係者16名を戦犯として入国禁止措置 1998. 2　パポン裁判で禁固10年の判決（仏） 1998. 4. 27　山口地裁が元慰安婦の訴えを認め、日本政府に賠償を命じる判決（関釜裁判） 1998. 6. 6　「戦争と女性への暴力」日本ネットワーク発足 1998. 8　国連マクドゥーガル報告。元慰安婦の損害賠償、責任者処罰を日本政府に勧告 1998. 10. 8　小渕恵三首相と金大中大統領による日韓共同宣言（日韓パートナーシップ宣言） 1999. 8. 9　国旗・国歌法成立 1998. 8.20～「日本会議」が全国キャラバン。47都道府県に「県本部」設立
2000年代（前半）	2000. 4　永原慶二『「自由主義史観」批判』岩波ブックレット 2000. 5　歴史学研究会編『歴史における「修正主義」』青木書店 2000. 9　荻原富士夫『思想検事』岩波新書 2000. 11　加藤典洋・橋爪大三郎・竹田青嗣『天皇の戦争責任』径書房 2001. 1　高橋哲哉『歴史／修正主義』岩波書店 2001. 5　岩本努『教育勅語の研究』民衆社	2000. 8. 12　ドイツ国会で強制労働被害者への補償のための「記憶・責任・未来」財団法成立 2000.12. 8～12　女性国際戦犯法廷開催。のべ5000人が参加 2001. 1. 30　「女性国際戦犯法廷」を特集したNHKの番組が改ざんされて放映。のちに裁判に 2001. 4. 3　「つくる会」の中学校歴史・公民教科書、文科省の検定合格

	2001. 6　小森陽一ほか編『歴史教科書・何が問題か（徹底検証）』岩波書店 2001. 6　子どもと教科書全国ネット21『こんな教科書、子どもにわたせますか』大月書店 2001. 8　小堀圭一郎『さらば東京裁判史観』PHP文庫 2001. 9　安田常雄ほか『歴史教科書大論争―テーマ別検証』ムック 2001. 12　山田朗『歴史修正主義の克服―ゆがめられた〈戦争論〉を問う』高文研 2002. 1　家永三郎『戦争責任』岩波現代文庫 2002. 5　石田勇治『過去の克服―ヒトラー後のドイツ』白水社 2002. 6　韮沢忠雄『教育勅語と軍人勅諭―こうしてぼくらは戦争にひきこまれた』新日本出版社 2002. 6　山田朗『昭和天皇の軍事思想と戦略』校倉書房 2002. 7　金完燮・荒木和博ほか訳『親日派のための弁明』草思社 2002. 10　高橋哲哉編『歴史認識論争』作品社 2002. 11　Peter Welzer『昭和天皇と戦争―皇室の伝統と戦時下の政治・軍事戦略』原書房 2003. 1　保阪正康『昭和史七つの謎』講談社文庫 2003. 7　池田清彦ほか『天皇の戦争責任・再考』洋泉社	2001. 8.15　「つくる会」の中学校歴史・公民教科書、採択率は0.1%以下と低迷 2001. 9.11　同時多発テロ（米） 2002. 9.17　日朝平壌宣言 2002　日韓歴史共同研究始まる。その後、挫折 2003. 3.20～2011.12.15　イラク戦争 2003. 3　「関釜裁判」最高裁で上告・不受理決定。慰安婦裁判の最高裁棄却が続く

	2004. 2　半藤一利『昭和史』平凡社	
2000年代（後半）	2005. 3　俵義文『あぶない教科書NO！もう21世紀に戦争を起こさせないために』花伝社 2005. 4　高橋哲哉『靖国問題』ちくま新書 2005. 6　林博史『BC級戦犯裁判史』岩波書店 2005. 7　渡辺昇一『中国・韓国人に教えてあげたい本当の近現代史』徳間書房 2005. 9　佐々木克編『明治維新期の政治文化』思文閣出版 2006. 1　渡辺昇一『反日に勝つ昭和史の常識』WAC 2006. 3　笠原十九司・吉田裕編『現代歴史学と南京事件』柏書房 2006. 5　藤原彰『天皇の軍隊と日中戦争』大月書店 2006. 9　中西輝政『日本人としてこれだけは知っておきたいこと』PHP新書 2006. 7　安倍晋三『美しい国へ』文春新書 2007. 7　秦郁彦『南京事件―「虐殺」の構造　増補版』中公新書 2007. 9　小堀圭一郎・中西輝政『歴史の書き換えがはじまった―コミンテルンと昭和史の真相』明成社 2007. 12　松村高夫・矢野久編著『大量虐殺の社会史―戦慄の20世紀』ミネルヴァ書房 2008. 1　日暮吉延『東京裁判』講談社現代新書 2008. 5　笠原英彦『象徴天皇制と皇位継承』ちくま新	2005. 1. 20　中曽根「憲法改正試案」を発表 2005. 6. 30　韓国で永住外国人の地方選挙権を国会で可決承認（盧武鉉政権） 2005. 11. 22　自民党結党50年大会。新憲法草案決定 2006. 9. 26　第一次安倍内閣発足。「戦後レジームからの脱却」 2006. 12. 22　愛国心教育をうたう改正教育基本法公布 2007. 7　日本政府へ元慰安婦への謝罪を求める決議が米国下院で採決 2007. 3. 1　安倍首相、記者会見で、慰安婦について「強制性を裏付ける証拠は無かった」と発言 2007. 5. 18　憲法改正手続きの国民投票法公布 2007. 9. 12　安倍首相退陣表明、福田内閣発足（9.26） 2007. 9. 29　高校日本史教科書の沖縄戦「集団自決（強制集団死）」の記述から日本軍の「強制」や「関与」の表現を削除させた検定意見の撤回を求める県民大会が開催。11万6000人集まる 2007. 11. 8　オランダ下院、「慰安婦」問題で謝

	書 2008. 12　田母神俊雄・渡部昇一『日本は「侵略国家」ではない！』海竜社 2009. 2　金文子『朝鮮王妃殺害と日本人—誰が仕組んで、誰が実行したのか』高文研 2009. 4　古関彰一『日本国憲法の誕生』岩波書店 2009. 5　渡辺昇一『年表で読む日本近現代史』海竜社	罪・賠償を求める決議 2007. 12. 13　EU議会、慰安婦問題で謝罪要求決議 2008. 10. 27　韓国国会が日本に慰安婦問題で謝罪を求める決議
2010年代（前半）	2010. 2　服部龍二『日本歴史認識—「田中上奏文をめぐる相克」』東京大学出版会 2010. 3　軍事史学会編『特集　日中戦争をめぐる歴史認識（通巻180号）』錦正社 2010. 5　中曽根康弘『保守の遺言』角川書店 2010. 9　浅見雅男『皇族と帝国陸海軍』文春新書 2011. 4　島田征夫『国際法（全訂補正版）』弘文堂 2011. 6　上丸洋一『「諸君！」「正論」の研究—保守言論はどう変容してきたか』岩波書店 2011. 6　渡辺昇一『読む年表　日本の歴史』WAC 2011. 7　加藤陽子・半藤一利『昭和史裁判』文芸春秋 2011. 8　清水正義『「人道に対する罪」の誕生—ニュルンベルク裁判の成立をめぐって』（白鷗大学法政策研究所叢書3）丸善プラネット 2012. 3　南京事件調査研究会『南京大虐殺否定論13のウソ』柏書房 2012. 3　外村大『朝鮮人強制連行』岩波新書	2010. 4. 1　文部省「高校無償化」施行 2010. 4. 30　文科省「高校無償化」制度の対象となる外国人学校について公表。朝鮮学校は除外 2010. 8. 10　菅首相、日韓併合100周年で「意に反して行われた植民地支配…民族の誇りを深く傷つけ…」と発言 2011. 3. 11　東日本大震災、福島原発事故 2012. 4　すべての中学社会の歴史教科書から慰安婦問題の記述が消失 2012. 5. 23　韓国大法院は日韓併合時の日本企業による徴用者の賠償請求を初めて認める 2012. 9. 9　米軍普天間基地（沖縄県宜野湾市）への垂直離着陸輸送機オスプレイ配備に反対する沖縄県民大会が宜野湾市で開かれ、10万1千人が参加 2012. 10. 1　普天間基地にオスプレイ初配備

	2012. 4　秦郁彦『陰謀史観』新潮新書 2012. 8　田中仁『ボクらの村にも戦争があった』文理閣 2014. 4　（産経新聞、「歴史戦」の連載始める） 2014. 6　テッサ・モーリス-スズキ『過去は死なない—メディア・記憶・歴史』岩波現代文庫 2014. 10　木村幹『日韓歴史認識問題とは何か—歴史教科書・「慰安婦」・ポピュリズム』ミネルヴァ書房 2014. 10　産経新聞社編『歴史戦—朝日新聞が世界にまいた「慰安婦」の嘘を討つ』産経新聞出版 2014. 11　朴裕河『帝国の慰安婦—植民地支配と記憶の闘い』朝日新聞出版	2012. 12. 26　第二次安倍内閣成立 2012. 12. 28　下村文科相、朝鮮学校の高校授業料を無償化の対象としない方針を表明 2013. 4. 10　下村文科相、教科書検定制度を見直し、近隣諸国条項の撤廃を明言 2013. 4. 23　安倍首相、「侵略の定義は学界的にも国際的にも定まっていない」と言明（参院予算委） 2013. 4. 28　安倍内閣、国際社会復帰60年を記念して「主権回復の日」を講和条約発効後61年目に強行 2013. 5. 13　橋下大阪市長、「慰安婦制度が必要なのは誰でもわかる」と言明 2013. 12. 26　安倍首相、靖国神社に参拝 2014. 1. 19　中国、ハルビンで安重根紀念館開館 2014. 1. 20　菅義偉官房長官の「安重根はテロリスト」発言 2014. 6. 2　第12回日本軍「慰安婦」問題アジア連帯会議（東京）で日本政府への提言を採択 2014. 7. 1　集団的自衛権行使容認を閣議決定 2014. 7. 24　国連、拷問禁止委員会で日本政府は「性奴隷という表現は不適切」と主張するも通らず

2010年代（後半）	2015. 1　澤田克己『韓国「反日」の真相』文春新書 2015. 3　櫻井よしこ『日本の敵』新潮社 2015. 5　藤田覚『幕末から維新へ』岩波新書 2015. 6　日朝協会編『日本と韓国・朝鮮平和と友好をめざして』学習の友社 2015. 6　黄文雄『米中韓が仕掛ける「歴史戦」』ビジネス社 2015. 7　保阪正康『安倍首相の「歴史観」を問う』講談社 2015. 7　大沼保昭『「歴史認識」とは何か』中公新書 2015. 8　産経新聞社編『歴史戦―History Wars 世紀の冤罪はなぜ起きたのか』産経新聞出版 2015. 11　鄭在貞『日韓「歴史対立」と「歴史対話」―「歴史認識問題」和解の道を考える』新泉社 2015. 11　ケント・ギルバートほか『反日同盟　中国・韓国との新・歴史戦に勝つ！』悟空出版 2015. 12　レギーナ・ミュールホイザー、姫岡とし子監訳『戦場の性：独ソ戦下のドイツ兵と女性たち』岩波書店 2016. 1　伊藤武『イタリア現代史―第二次世界大戦からベルルスコーニ後まで』中公新書 2016. 4　倉山満『歴史戦は「戦時国際法」で闘え』自由社 2016. 4　菅野完『日本会議の研究』扶桑社新書 2016. 4　橋本伸也『記憶の政治―ヨーロッパの歴史認	2015. 7. 5　「明治日本の産業革命遺産」がユネスコ「文化遺産」に登録。韓国は反対を表明していた 2015. 8. 14　安倍首相談話で植民地支配の反省なく、侵略戦争否定の認識 2015. 8　育鵬社の歴史教科書の採択すすむ（歴史6.3%） 2015. 9. 19　安保関連法強行採決 2015. 8. 14　安倍政権のもとで「戦後70年談話」公表。慰安婦問題や加害責任には言及せず 2015. 12　安倍―朴政権のもとで慰安婦問題に関する日韓合意公表 2015. 12. 30　韓国ソウルで学生たちが「少女像」前で座り込み 2016. 6. 3　ヘイトスピーチ解消法施行 2016. 7. 11　沖縄・高江ヘリパッド基地建設工事を強行再開 2016. 10　韓国で朴槿恵大統領の辞任を求める「ろうそくデモ」が連日起こる 2016. 12. 30　釜山の日本大使館前の公道に市民団体が「少女像」を設置（韓国） 2017. 1. 6　日本政府、釜山の「少女像」設置の対抗措置として駐留大使ら一時引き上げ 2017. 3. 13　オスプレイの空中給油訓練が全国に拡大

識紛争』岩波書店
2016. 4　前田朗編『「慰安婦」問題の現在―「朴裕河現象」と知識人』三一書房
2016. 5　上杉聰『日本会議とは何か「憲法改正」に突き進むカルト集団』合同出版
2016. 6　俵義文『日本会議の全貌―知られざる巨大組織の実態』花伝社
2016. 6　成澤宗男編『日本会議と神社本庁』金曜日
2016. 6　山口知美ほか『海を渡る「慰安婦」問題―右派の「歴史戦」を問う』岩波書店
2016. 6　河添恵子・杉田水脈『「歴史戦」はオンナの闘い』PHP研究所
2016. 7　山崎雅弘『日本会議―戦前回帰への情念』集英社新書
2016. 7　青木理『日本会議の正体』平凡社新書
2016. 7　ウェンディ・ロワー、武井彩佳監訳『ヒトラーの娘たち』明石書店
2016. 7　小田部雄次『49人の皇族軍人』洋泉社
2016. 8　加藤陽子『戦争まで―歴史を決めた交渉と日本の失敗』朝日出版社
2016. 9　松竹伸幸『「日本会議」史観の乗り越え方』かもがわ出版
2016. 10　島田裕巳『天皇と憲法―皇室典範をどう変えるか』朝日新聞出版
2016. 12　菅野完『日本会議をめぐる四つの対話』

2017. 5. 9　韓国大統領選挙。「共に民主党」文在寅当選。2015年の「日韓合意」の見直しを示唆
2017. 6. 15　共謀罪法成立
2017. 7. 7　国連総会、核兵器禁止条約を採択
2017. 10. 27　ソウル高裁、地裁判決を破棄。『帝国の慰安婦』について、朴被告に1000万ウオン（約100万円）の賠償判決（韓国）
2018. 3. 1　文韓国大統領、2015年の慰安婦問題の解決済みを否定
2018. 4. 5　オスプレイ5機が横田基地に配備。全国に拡大
2018. 10. 30　個人請求権をめぐる韓国大法院判決
2019. 2. 24　沖縄・県民投票で辺野古埋め立てNOの世論固まる
2019. 4. 30　平成天皇退位
2019. 5. 1　「令和」に改元
2019. 7. 21　第21回参議院選挙。改憲勢力、3分の2を割り込む
2019. 8. 2　日本は貿易規制に関する「ホワイト国」から韓国除外の政令改定を閣議決定
2019. 8～10「あいちトリエンナーレ2019」の「表現の不自由展」が脅迫で中止、その後再開するも文化庁が予定された補助金不交付で問題

K&Kプレス
2016. 12　バラク・クシュナー、井形彬訳『思想戦―大日本帝国のプロパガンダ』明石書店
2017. 1　山田朗『昭和天皇の戦争―「昭和天皇実録」に残されたこと・消されたこと』岩波書店
2017. 3　李洙任・重本直利編著『安重根と東洋平和―東アジアの歴史をめぐる越境的対話』明石書店
2017. 3　塚田穂高編『徹底検証日本の右傾化』筑摩書房
2017. 5　藤生明『ドキュメント日本会議』筑摩書房
2017. 9　宮崎正弘・渡辺惣樹『激動の日本近現代史―歴史修正主義の逆襲』ビジネス社
2017. 10　内田樹『街場の天皇論』東洋経済新報社
2017. 11　岩波書店編集部編『教育勅語と日本社会』岩波書店
2017. 12　佐藤広美・藤森毅『教育勅語を読んだことのないあなたへ』新日本出版社
2017. 12　山田朗『日本の戦争：歴史認識と戦争責任』新日本出版社
2017. 12　中野敏男ほか『「慰安婦」問題と未来への責任―日韓「合意」に抗して』大月書店
2018. 2　倉橋耕平『歴史修正主義とサブカルチャー―90年代保守言説のメディア文化』青弓社
2018. 5　樋口直人ほか『ネット右翼とは何か』青弓社
2018. 7　俵義文『日本会議の野望―極右組織が目論む

化
2019. 12. 20　2020年度の防衛予算は5兆3133億円となり、6年連続で過去最高を更新
2019. 12. 27　海外調査と称して国会で承認を得ることなく自衛隊を中東海域に派遣

	「この国のかたち」』花伝社	
	2018. 7　加藤陽子『昭和天皇と戦争の世紀（天皇の歴史8）』講談社（学術文庫）	
	2018. 8　賀茂道子『ウォー・ギルト・プログラム―GHQ情報教育政策の実像』法政大学出版局	
	2018. 9　長谷川亮一『教育勅語の戦後』白澤社	
	2018. 10　吉田傑俊『象徴天皇制考―その現在・成立・将来』本の泉社	
	2018. 11　百田尚樹『日本国紀』幻冬舎	
	2018. 12　笠原十九司『増補　南京事件論争史』平凡社	
	2019. 1　佐藤広美『「誇示」する教科書―歴史と道徳をめぐって』新日本出版社	
	2019. 2　安田浩一・倉橋耕平『歪む社会―歴史修正主義の台頭と虚妄の愛国に抗う』論創社	
	2019. 2　江崎道朗『日本は誰と戦ったのか―コミンテルンの秘密工作を追及するアメリカ』ワニブックス	
	2019. 3　渡辺昇一『戦後七十年の真実』育鵬社	
	2019. 3　松本厚治『韓国「反日」の起源』草思社	
	2019. 5　山崎雅弘『歴史戦と思想戦―歴史問題の読み解き方』集英社新書	
	2019. 5　斉加尚代ほか『教育と愛国―誰が教室を窒息させるのか』岩波書店	
	2019. 5　田中利幸『検証「戦後民主主義」―わたしたちはなぜ戦争責任問題を解決できないのか』三一書房	

	2019. 7　山田朗『日本の戦争Ⅲ　昭和天皇と戦争責任』新日本出版社 2019. 7　藤原彰『中国戦線従軍記：歴史家の体験した戦場』岩波現代文庫 2019. 8　宮地正人『天皇制と歴史学』本の泉社 2019. 8　吉田裕『日本人の歴史認識と東京裁判』岩波ブックレット 2019. 8　伊東昌亮『ネット右派の歴史社会学―アンダーグラウンド平成史』青弓社 2019. 9　保阪正康『新・天皇論』毎日新聞出版 2019. 9　山本晴太ほか『徴用工裁判と日韓請求権協定―韓国大法院判決を読み解く』現代人文社 2019. 9　田辺俊介編『日本人は右傾化したのか―データで実像を読み解く』勁草書房 2019. 10　戸塚悦朗『「徴用工問題」とは何か？―韓国大法院判決が問うもの』明石書店 2019. 11　中島三千男『天皇の「代替わり儀式」と憲法』日本機関紙出版センター 2019. 11　李栄薫編『反日種族主義―日韓危機の根源』文藝春秋 2019. 11　松竹伸幸『日韓が和解する日―両国が共に歩める道がある』かもがわ出版 2019. 11　戸塚悦朗『歴史認識と日韓の「和解」への道―徴用工問題と韓国大法院判決を理解するために』日本評論社	

	2019. 12　岡本有佳・加藤圭木編『だれが日韓「対立」をつくったの―徴用工、「慰安婦」、そしてメディア』大月書店 2019. 12　和田春樹『韓国併合110年後の真実―条約による併合という欺瞞』岩波ブックレット	
2020年代	2020. 1　竹内康人『韓国徴用工裁判とは何か』岩波ブックレット 2020. 2　澤田克己『反日韓国という幻想』毎日新聞出版 2020. 3　大高未貴『日本を貶める―「反日謝罪男と捏造メディア」の正体』ワック 2020. 4　WWUK・呉善花『「親日韓国人」ですが、何か？』悟空出版 2020. 4　池萬元『元韓国陸軍大佐の反日への最後通告』ハート出版 2020. 4　久保田るり子『反日種族主義と日本人』文春新書 2020. 4　李宇衍『ソウルの中心で真実を叫ぶ』扶桑社 2020. 6　山田敬男・関原正裕・山田朗『知っておきたい日本と韓国の150年』学習の友社 2020. 6　村山俊夫『つくられる「嫌韓」世論』明石書房 2020. 6　川上詩朗・内海愛子・吉澤文寿『日韓の歴史問題をどう読み解くか』新日本出版社	2020. 1.16　新型コロナウイルスの日本での発生を確認 2020. 3.23　文科省、自由社版の中学用『新しい歴史教科書』を検定不合格 2020. 6.14　沖縄・辺野古の埋め立て工事を強行再開 2020. 6.15　防衛省、イージス・アショア建設計画断念を公表 2020. 8. 4　自民党、「相手領域内でも阻止する能力」（敵基地攻撃能力）の保有を政府に提言することを了承 2020. 8.17　防衛省、馬毛島に米軍訓練基地建設構想を公表 2020. 8　育鵬社の教科書の採択率が大きく低下 2020. 9.16　安倍首相退陣、菅内閣発足 2020. 9.30　2021年度防衛予算案は5兆4898億円となり、7年連続で過去最高を更新 2020.10. 1　菅首相、学術会議推薦6候補を任命

	2020. 7　纐纈厚・朴容九編『時効なき日本軍「慰安婦」問題を問う』社会評論社 2020. 7　山田朗『帝銀事件と日本の秘密戦』新日本出版社 2020. 7　内田雅敏『元徴用工　和解への道―戦時被害と個人請求権』ちくま新書 2020. 7　木村幹『歴史認識はどう語られてきたか』千倉書房 2020. 8　前川一郎ほか『教養としての歴史問題』東洋経済新報社 2020. 8　糟谷憲一『朝鮮半島を日本が領土とした時代』新日本出版社 2020. 8　黒田勝弘『反日VS.反韓―対立激化の真相』角川新書 2020. 9　李栄薫編『反日種族主義との闘争』文藝春秋 2020. 9　安川寿之輔『混迷する日韓関係打開の道』ほっとブックス新栄	せず 2020. 11. 3　アメリカ大統領選挙投票日 2021. 1. 7　米連邦議会の投票確認によりバイデン候補の勝利確定 2021. 1. 8　旧日本軍の元従軍慰安婦の女性らが日本政府に損害賠償を求めた訴訟で、ソウル中央地裁は、日本政府に原告1人当たり1億ウォン（約950万円）の慰謝料支払いを命じる判決を出した。韓国の司法が歴史問題を巡る日本政府の責任に踏み込むのは初めて 2021. 1. 22　核兵器禁止条約の発効に必要な50カ国の批准に達し、その90日後に発効

あとがき

本書がまとまり、一冊の本として世に問うことは私たち「四人の侍」にとって誠に喜ばしい限りである。その喜びを手に入れるために日々努力を続けておられるであろう同好の諸氏のために、私たちの本づくりの足跡を記しておこう。

本書の発端は編著者の一人が歴史修正主義の横行という現状を憂い、単独で約二年にわたり批判的な論稿を蓄積してきたことにある。そして有効な反論を体系的に行うためには、様々な専門の論者を集めて研究会を組織し、著作として出版する必要があると考えた。そして二〇一八年一一月、最初は四名の参加者で第一回の研究会が開催された。それから約二年間、研究会は順調に二カ月に一回のペースで開催・継続され、参加者も一時は七名に増加した。そして全体の章別構成がほぼ固まったのが二〇二〇年の夏頃だった。次いで、いくつかの出版社と交渉を重ねたが、厳しい出版事情の中、何とか引き受けてくれる出版社に巡り合ったのが二〇二〇年の一〇月だった。その後、順調に出版に向かうかと思われたが、コロナ禍やアメリカ大統領選挙、体調の急変、一部執筆者の辞退など、まさに「産みの苦しみ」を味わうこととなった。

本書がまとまるためには大きくは二つの危機があった。

第一は、出版することの意義ないし読者のイメージの統一を巡ってである。読者をどのような人々と想定するか。想定するといっても歴史の専門家は一人だけであるから、専門書ではありえない。若者や社会活動家諸氏にも読んでもらいたいが、Q&A形式の本も私たちとしては難しい。私たちとしては読者としてある程度の歴史に対する教養と専門知識を前提としたい。結局、専門書でもないが、入門書でもない。半専門書あるいは学術教養書という形に落ち着いた。

第二は、執筆者の体調の危機である。本書は当初、二〇二〇年内の出版を希望していたが、二一年を超えるプロジェクトとなった。その間、執筆者の体調は万全というには程遠い状況だった。すべての研究会に参加したにもかかわらず、最後の段階で入院加療が必要となり、やむなく原稿提出を断念した執筆者も発生してしまった。誠に無念であり残念なことであった。

次に本書がまとまるについての工夫についても記しておこう。

一つには早い段階での座談会の開催があった。歴史は総合的な観点と系統的な知識が必要なため、歴史学の門外漢には、思わぬ誤解があることが多い。通常はそのことに気後れして歴史研究など高いハードルだと考えがちであるが、座談会を開催することにより、単純な疑問や誤解が氷解し、いちはやく一定の水準まで底辺を引き上げるとともに、執筆者たちの共通の問題意識の確認とそれぞれの独自性を明確にすることができた。

二つ目は年表の工夫である。本書の出版の最終段階になって、読者層が半専門家ならば歴史の理解を「総合的・俯瞰的」に進めるための年表が役に立つのではないかと判断した。そして執筆者の専門性の違いを生かして、ユニークな年表が作成できたのではないかと考えている。

次に、本書との付き合い方を注記しておこう。本書は多くの歴史修正主義批判の本の中では、歴史の見方（歴史哲学、史観）、天皇制の問題、戦争責任の問題、社会科教科書の問題、などに重点を傾注した半専門書であり学術教養書だと考えている。ただし、韓国などの植民地支配の問題（いわゆる従軍慰安婦問題や徴用工問題）は取り上げることができなかった。しかし他方で、歴史の専門家が避ける論点にも果敢に切り込んだ。その上で、歴史修正主義の広がりを視野に納めながら、これと闘うために、様々な社会運動の場面で役立つように、重要と思われる論点をコラムに絞りこんだ。紙幅の都合で多くの論文やコラムを掲載できなかったが、その選択の中で私たちの「鬼滅の刃」はむしろ鋭敏化したものと考えている。全体と部分のバランスを考え、時代の変化と切り結びながら三部構成と年表に落ち着いたのだった。

最後になったが、本書の出版と編集を引き受けていただいた、文理閣の黒川美富子代表と山下信編集長には大変お世話になった。出版という具体的な目標が見えなければ、私たちの想いは実を結ぶことができなかったかもしれない。

歴史の真実と向き合おうとする人、歴史を愛好する人、憲法九条・立憲主義を守り発展させたいと願う人、「国家による安全保障論」を超えて真の国際連帯と世界平和を希求する人に、何らかの知的な刺激、あるいは実践への想像の翼を与えることができるなら、それは著者一同の喜びとするところである。

二〇二一年四月

著者一同
井口和起
近藤　學（編者）
成瀬龍夫（編者）
山田　稔

執筆者略歴

井口和起（いぐち かずき）

1940（昭和15）年、京都府福知山市生まれ。京都大学大学院文学研究科博士課程中退。博士（文学）。日本近現代史。京都府立大学名誉教授（元・学長）。現職・福知山公立大学学長、京都府立京都学歴彩館顧問。東アジア近代史学会名誉会長。『朝鮮・中国と帝国日本』（岩波ブックレット、1995年）、『日露戦争の時代』（吉川弘文館、1998年。中国語版2012年）、『日本帝国主義の形成と東アジア』（名著出版、2000年）、ほか。

近藤　學（こんどう まなぶ）

1949（昭和24）年、兵庫県西宮市生まれ。神戸大学大学院経済学研究科後期博士課程単位取得。博士（経済学）。環境経済論。滋賀大学名誉教授。現職・合同会社代表。滋賀・九条の会事務局長。『独占、蓄積と環境』（滋賀大学経済学部研究叢書、第31号、1999年）、Australia's Water Markets, Sid Harta Publishers Pty Ltd, Australia, 2013.

成瀬龍夫（なるせ たつお）

1944（昭和19）年、旧満州国新京市において生まれ、高知県で育つ。大阪外国語大学中国語科卒業。京都大学大学院経済学研究科博士後期課程単位取得。経済学博士（京都大学）。専門は社会政策。滋賀大学名誉教授。元滋賀大学長。元放送大学滋賀学習センター長。主な著書に『生活様式の経済理論』（御茶の水書房、1988年）、『総説現代社会政策』（桜井書店、2002年）、『比叡山の僧兵たち』（サンライズ出版、2018年）。

山田　稔（やまだ みのる）

1934（昭和9）年、大津市に生まれる。京都大学文学部史学科卒業。人権教育論。現職・滋賀県民主教育研究所副理事長。主な著書に『私の人権教育論』（部落問題研究所、1995年）、『松尾芭蕉と近江』（三学出版、2018年）、『教育のあり方を問う－政策批判と子ども事件』（サンライズ出版、2020年）。

歴史の真実と向き合おう
―歴史修正主義への反論

2021年6月10日　第1刷発行
2021年8月15日　第2刷発行

著　者　井口和起・近藤學・成瀬龍夫・山田稔

発行者　黒川美富子

発行所　図書出版　文理閣
京都市下京区七条河原町西南角〒600-8146
TEL (075)351-7553　FAX (075)351-7560
http://www.bunrikaku.com

印刷所　吉川印刷工業所

ISBN978-4-89259-888-3